JIU SHI ZHE ZHANG BIAO
ZHUA ZHU SHEN MAI DIAN

就是这张表抓住神买点

董鍾祥 著

——1張看似簡單無趣的紀錄表，讓我在股市20多年屹立不搖。

SPM
南方出版传媒
广东经济出版社
·广州·

图书在版编目（CIP）数据

就是这张表，抓住神买点/董钟祥著．—广州：广东经济出版社，2016.12
ISBN 978－7－5454－4794－1

Ⅰ．①就… Ⅱ．①董… Ⅲ．①股票投资－基本知识Ⅳ．①F830.91

中国版本图书馆CIP数据核字（2016）第209327号

出 版 人：姚丹林
责任编辑：陈念庄　罗振文
责任技编：许伟斌

版权登记号：19－2016－144

出版发行	广东经济出版社（广州市环市东路水荫路11号11～12楼）
经销	全国新华书店
印刷	广东省农垦总局印刷厂 （广州市天河区棠东横岭三横路11－13号）
开本	730毫米×1020毫米　1/16
印张	12.5　1插页
字数	135 000字
版次	2016年12月第1版
印次	2016年12月第1次
印数	1～5 000
书号	ISBN 978－7－5454－4794－1
定价	68.00元

如发现印装质量问题，影响阅读，请与承印厂联系调换。
发行部地址：广州市环市东路水荫路11号11楼
电话：（020）38306055　37601950　邮政编码：510075
邮购地址：广州市环市东路水荫路11号11楼
电话：（020）37601980　营销网址：http://www.gebook.com
广东经济出版社新浪官方微博：http://e.weibo.com/gebook
广东经济出版社常年法律顾问：何剑桥律师

Contents

目　录

目录

Part 3

1张表格判断多空

Part 4

就是这张表 抓住神买股

尊重趋势：投资股票稳操胜算

回想20多年前就读中兴大学地政系时，老师在“不动产估价”课堂上所说的话：投资不动产最重要的3个原则是：“Location（地点）、Location、Location”。现在想想，这真的是至理名言。

我退伍后的第1份工作是在中国台湾地区中华征信所担任土地估价师，在2年当中估过台北市几乎所有区域的房子，以及全省不同类型的土地，例如公寓、大厦、大楼、别墅和集合式住宅等，还有建地、农地、山坡地、工业用地、厂房、停车场和上市公司资产重估。

之后，我在中国台湾地区“交通部”国道兴建工程局担任约聘工程师1年多，负责用地征收的补偿估价，这3年多的不动产估价训练和实务经验，对我有很大的帮助，我买房遵循老师教导的原则和自己的估价经验，挑选住家离捷运站和公车站步行约2分钟、开车上高速公路约5分钟……这些交通非常便利的位置。

再加上生活机能佳，房价从保值变成上涨2倍，这就是投资不动产最重要的3个赚钱原则：“Location、Location、Location”。若是运用在股市投资的选股上，投资标的最佳范例就是股王大立光（3008）和市值最大的台积电（2330），当盘势不佳下跌时，它们具有保值功能；当盘势大涨时，他们是一马当先的多头总司令。

投资股市也有3个最重要的原则：“Trend（趋势）、Trend、Trend”。在美国股市盛传一句名言：“尊重趋势，尊重格林斯潘（Greenspan，在位最久的前美联储主席）”。投资前最重要的一件事就是“研判多空趋势”，因为趋势研判正确，就能踏出成功获利的第一步；反之，若趋势研判错误，便会踏入失败亏损的第一步，可见趋势的重要。

我在股市投资近30年，从未在头部区套牢过，就是因为研究趋势、尊重趋势、顺势而为：在多头市场偏多操作、在空头市场偏空操作、在盘整市场观望或区间操作。

2015年8月，A股崩跌（上海综合指数和上海A股18天内分别重挫34.85%和34.81%；上海B股23天内崩跌48.81%；深圳综合指数和深圳A股17天内分别崩跌41.35%和41.40%；深圳B股23天内重挫31.44%），台股更在50天内，自10014.28点下跌到8750.92点，大跌

12.62%，这让我有感而发，于心不忍，愿野人献曝，分享可在股市趋吉避凶的多空分析法。

本书的写作重点是，希望能传授大家一些简单明了、最好一眼就能看得懂的多空趋势研判法，让每位读者都能由浅入深，学会研判多空趋势。学会后再进场投资，必能趋吉避凶，多空趋势都能灵活操作。

本书就技术面分析法，挑选出其中比较简单易懂的多空趋势研判方法，以由浅入深的方式编写，希望读者能轻松读、轻松看，学会一眼就看懂多空趋势，对于未来的投资产生助益。

若将来读者因阅读本书而在股票市场投资受益，希望大家能共襄盛举，每月花一点金钱认养1位世界展望会的小朋友，你小小金额的善举，能改变1位小朋友的未来，希望我们的一点点心意能产生美善的正向循环，这也是我出版这本书的用意之一，我代替小朋友们感谢大家，祝大家多空操作顺利赚大钱。

多空趋势研判　概分 2 大类

类别1 基本面分析

① 总体经济分析法
② 产业分析法
③ 本益比分析法
④ 股价净值比分析法
⑤ 政策面分析法
⑥ 事件分析法
⑦ 景气循环分析法等

类别2 技术面分析

① 趋势分析法
② 移动平均线分析法
③ X象限分析法
④ 轨道线指标分析法
⑤ 葛兰碧八大法则分析法
⑥ 形态分析法
⑦ 多空指标分析法
⑧MACD平滑异同平均线指标分析法
⑨ DMI 趋向指标分析法
⑩ 量价关系分析法
⑪ 资券关系分析法
⑫ 筹码面分析法
⑬ 法人vs散户盘多空分析法
⑭ 融资vs大盘多空分析法
⑮ 期权关系分析法
⑯ 平均成本法等

Part 1

判断多空是胜败关键

找买点比找卖点困难，因为买点错，结果大多以亏钱收场；买点对了，才会有后续如何找卖点的功课。

1-1

找对买点是基本功

股票市场有句名言：“会买的是徒弟，会卖的才是师傅。”听起来，找买点很简单，挑卖点很困难。对我而言，当我还是菜鸟时，认为找买点比卖点困难许多。经过股市29年的洗礼，现在变成老鸟，觉得找买点和卖点都变简单了，但真要我区别哪一个简单？哪一个困难？我个人还是认为，找买点比找卖点困难，因为买点错，结果大多以亏钱收场；买点对了，才会有后续如何找卖点的功课。

现在有很多专业投资人，他们会写程式，用程式来交易，甚至运用专业的看盘软件写公式找买卖点，比如说：K>D且<20是买进信号；K<D且>80是卖出信号。K>D且<20，表示KD指标在20以下的低档区，出现“黄金交叉”买进信号；K<D且>80，表示KD指标在80以上的高档区，出现“死亡交叉”卖出信号。

我早在20年前，就买了新电脑并安装专业的股票看盘软件来做研究，当时天天疯狂地研究到半夜一两点，乐此不疲，就是希望能找到底部的买进信号和头部的卖出信号。我写的选股条件非常多，软件最多提供100组模拟选股条件，我就设定了100组选股公式。

举例来说，我的买进选股条件之一是：“K>D且6日RSI>12日RSI”，代表的含意为：K>D且表示KD指标出现“黄金交叉”买进信号；6日RSI>12日RSI，表示RSI指标亦同时出现“黄金交叉”买进信号。当两个短线指标同时出现“黄金交叉”买进信号，买进获利的准确度理应很高。

重点来了，若依照选股条件输入电脑，就会跑出一堆符合买进条件的标的，若投资人依此买进所有标的，理应全部上涨，大赚一笔，但结果却不然，筛选出来的股票涨跌互见，甚至还会出现不赚反赔的结果。

利用看盘软件　可设定选股条件

第 9 群组　超级王牌智慧选股							
开始选股	选择条件	编辑条件	编辑公式	自定图形	编辑栏位	自定栏位	选股结果

选股套用条件
条件60：（3,9）K>D而且6日RSI>12日RSI

挑选两种技术指标同时出现“黄金交叉”买进信号的股票，为何还会出现下跌亏损的状况？因为买进的趋势位置不对，股票市场的走势，分为3种模式：

❶ 多头市场上涨模式。

❷ 空头市场下跌模式。

❸ 横向盘整模式。

若用程式交易或电脑选股，只能选出符合买进信号的标的，却不能区分投资标的是处于上涨趋势、下跌趋势或横向趋势，这就是程式交易者和电脑选股者的盲点所在，也是我认为买点比卖点难的原因。

看对趋势 才有赚头

从程式筛选出来，符合选股条件的买点会出现在3种不同趋势上：

❶ 多头市场涨多拉回修正结束后，酝酿起涨的时点。

❷ 空头市场大跌结束后，酝酿跌深反弹的时点。

❸ 区间盘整低档区，酝酿反弹的时点。

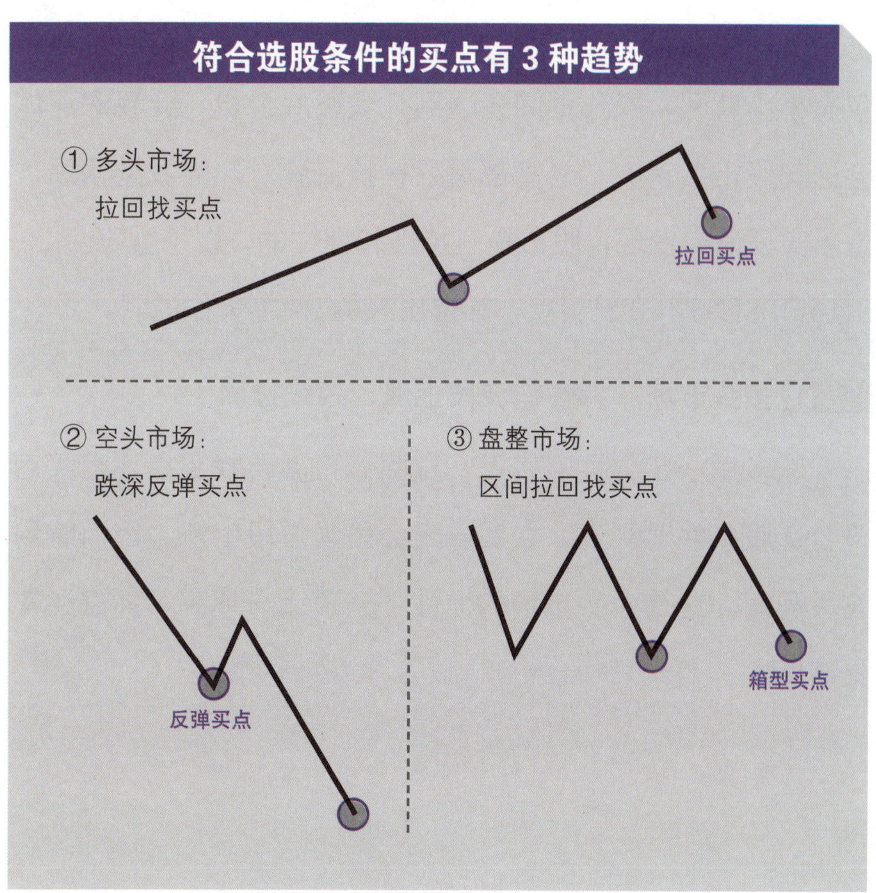

上述3个时点，不知道读者会选哪一种买进？

当我还是菜鸟时，我都是选第2种时点买进，想说已经跌那么深，将来反弹应该幅度会很大，甜头应该最多。第1种时点买进，心里怕怕的，因为涨多了，深怕多头突然变脸反转而下，套在山顶上。第3种时点买进，感觉油水不多，做多或做空只有区间行情，而没有大行情。

我选第2种时点买进，多年操作之后，没有很多斩获，仅有小小获利，操作期间还遇到几次破底危机，让我深深体会这句股市名言："老鸟都是死在抢反弹。"当我觉悟后，重新实证研究发现，股市是有特性和惯性的，以下就符合K＞D且6日RSI＞12日RSI买点，筛选出来的3种趋势作说明。

趋势① 多头市场　特性➡波段上涨、短线拉回

涨多后一定会拉回修正，拉回修正就要找买点，当买点符合选股条件时买进，之后一定会呈现波段上涨，因而赚到波段利润。这是多头市场的惯性：一顶比一顶高，高点还有更高点。

宏益日线图：符合买进条件

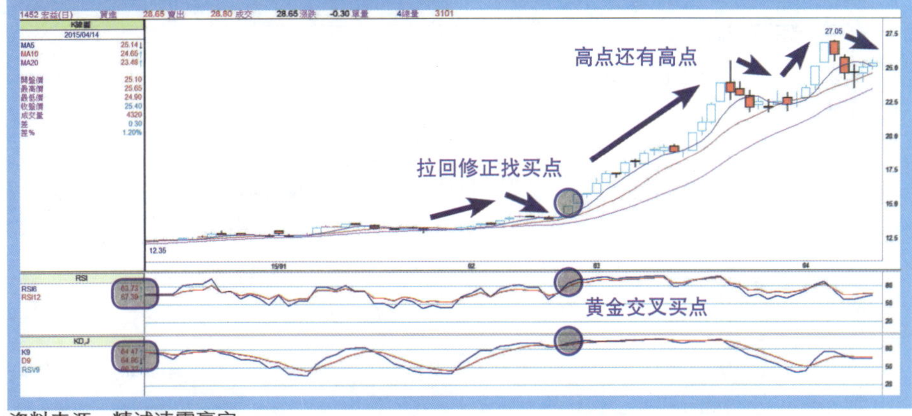

资料来源：精诚速霸赢家

趋势② 空头市场　特性➡波段下跌、短线反弹

跌深后一定会反弹，当买点符合选股条件时买进，因为无法形成波段上涨，仅有短线反弹的微小利润。跌深反弹的经验法则：急涨模式平均上涨5天，缓涨模式平均上涨8~13天。

若投资人抢跌深反弹时买进，又嫌反弹利润太小而不愿获利了结卖出，当反弹结束后，股价就会形成波段下跌。投资人抢反弹的结果是由盈转亏，原本小幅获利不愿卖出，套牢亏损就更不可能停损卖出，有的人甚至还逢低买进摊平，孰不知空头市场的惯性：低点还有低点，一底比一底低，最后纷纷被断头出场。

勤益控日线图：符合买进条件

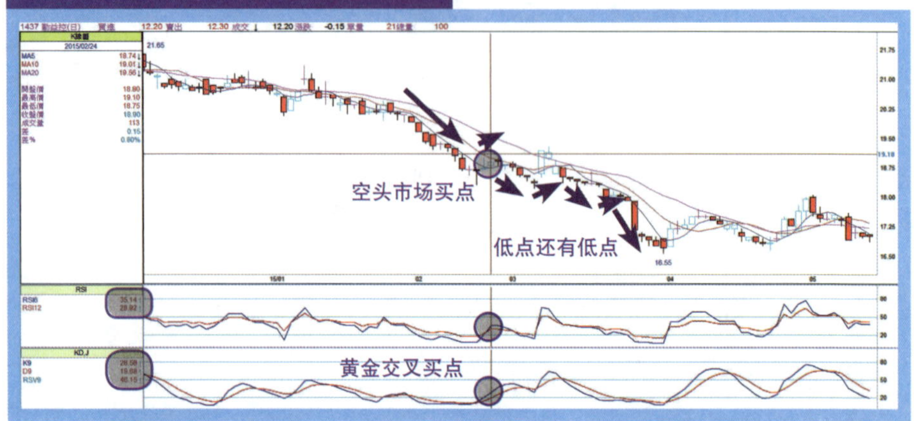

资料来源：精诚速霸赢家

趋势③ 横向盘整　特性➡区间波动

盘整时股价呈现区间波动，若见涨追价买进，常会买在箱型的高档区；反之，若见跌追空，常会空到箱型的低档

能率丰日线图：符合买进条件

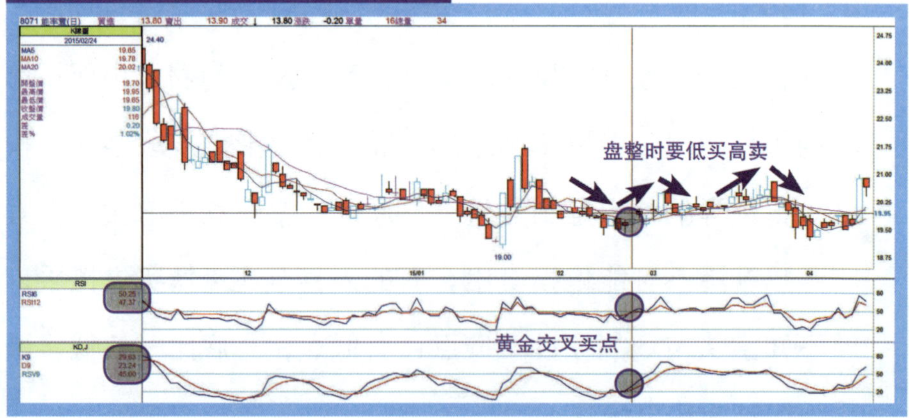

资料来源：精诚速霸赢家

区。盘整市场只能采取低买高卖策略，当股价处于低档区且买点符合选股条件时买进，才能获利。

现在我可算是投资老鸟，老鸟的首选是第1种时点买进，次选是第2种时点，最末才是在第3种时点买进。

Note

1-2

懂得卖出 才能获利入袋

台湾地区股市2015年开盘加权指数为9274.11点，4月28日盘中高点出现10014.28点，近4个月的时间上涨了740点（涨幅7.98%），报酬率约1个涨停板。此时，有很多投资人心里在想，万点之上要不要获利了结？依过去的历史经验，万点之上追高买进都没有好结果，几乎都是住“总统套房”！

勇敢果决执行卖出的投资人，到了8月20号盘中低点7951.72点，幸运地避开了2062.56点（跌幅20.6%）的重挫；

反之，若没有当机立断卖出的投资人，真是损失惨重，心底发出“千金难买早知道”的哀怨。

万点整数关卡能否有效站稳，或者仅是昙花一现，我分享一个独家的“3%整数关卡操作法”，非常有效：每到一个关卡要能站稳，就必须再涨超过3%，例如8000点要站稳，必须涨超过3%，即8240点以上，才表示8000点整数关卡站稳，将朝8500点迈进。

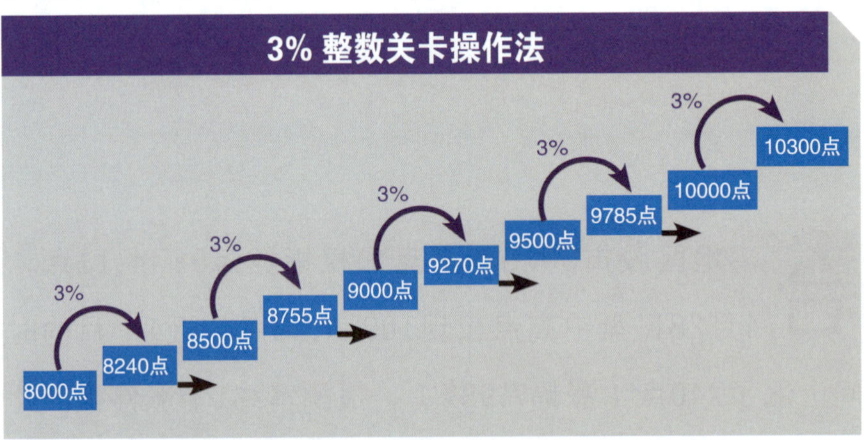

2015年的高点10014.28点未能突破10300点，表示万点整数关卡未能有效站稳，将回测9785点，一旦，9785点失守，将下探9500点。依此类推，当指数跌破8240点，表示将回测8000点；8000点若失守，将下探7725点。

8月20日盘中跌破8000点整数心理关卡，下探10年线7917.57点，盘中最低点7951.72点，在政府基金护盘下收在8029.81点，8000点整数关卡失而复得，且10年线保卫战暂时成功。

8月21日8000点失守，股价将下探7725点，7725点失守将下探7500点，7500点失守将下探7210点；若7210点再失守，将下探7000点整数心理关卡。8月24日台股加权指数跌幅创下历史单日最大纪录，盘中大跌583.85点，跌幅7.5%，所幸在政府强力拉抬下，收盘跌幅缩小为4.84%。

3%整数关卡操作法，是我实战的经验法则，希望可以作为读者在判断大盘面临整数关卡时，要不要卖股或续抱的准则。

在面对创业或学习新事物时，人们常说："我们重视过程，而不在乎结果。"若将这种思维用在股市投资上，那就惨了！股市操作刚好相反，投资最重要的不是过程，而是结果。

每年1月1日到12月31日的过程中，股价涨涨跌跌，波动起伏，若到11月底，操作的账面上获利赚钱，却在最后1个月由盈转亏，过程再精彩都没用，只是落得一场空！写到这里，我马上联想到一个血淋淋的真实案例。

约12年前，我在一家投信担任全权委托代客操作经理人时，有一位建设公司董事长来询问代操事宜，在相谈中他告诉我，他公司曾经养一位操盘人，500万元操作一档CD-R的股票，最多赚到1亿元，他没有卖，最后赚的1亿元不但输光，还赔到本金。

可见卖股票是多么的重要。至于怎么卖，本书会陆续教大家一些判断的方法。

Part 2

判断多空的基础分析法

看对多空趋势，顺势操作，才能在股市稳操胜算，初学者应先学会本篇5个多空基础分析法。

Part 1

2-1～2-6

Part 3

Part 4

2-1

趋势分析法：一眼看出多空走势

何谓趋势？股票走势图呈现明显的方向，就是“趋势”。趋势向上，代表涨势，称之为“多头市场”；趋势向下，代表跌势，称之为“空头市场”；趋势向右，代表盘整，表示多空方向不明，称之为“盘整市场”。

趋势判断很简单，读者从线图就能一眼看出多空的涨跌方向。

多头市场：左下➡右上

若趋势由左下角往右上角上涨，就是上涨趋势，亦称多头市场。见图2-1。

图2-1 ▶ 大盘周线图：上涨趋势图

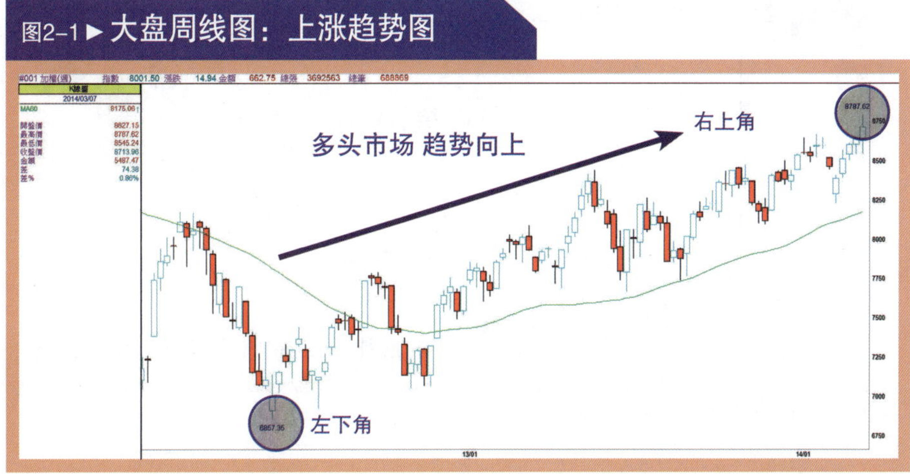

资料来源：精诚速霸赢家

处于多头市场时，会出现以下3个趋势特征：

特征① 上涨惯性

- 高点一顶比一顶高，续创新高；低点亦一底比一底高，且拉回修正的低点>前波高点。见图2-2。
- 波段上涨，短线拉回；拉回修正找买点。见图2-3。

图2-2 ▶ 大立光日线图：多头市场的上涨惯性

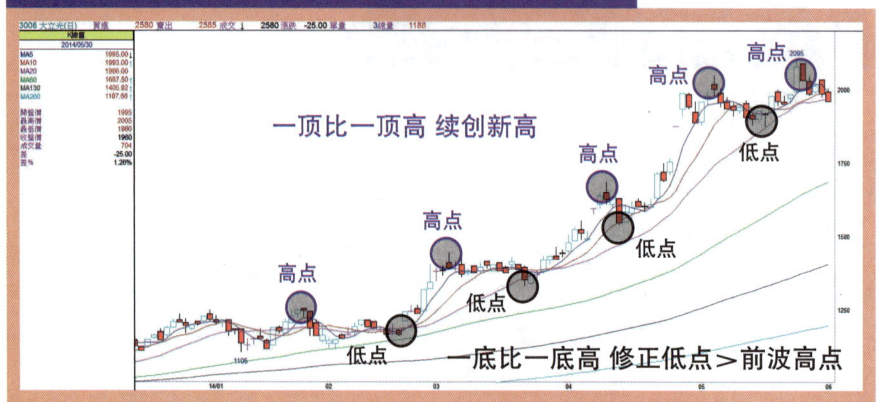

资料来源：精诚速霸赢家

图2-3 ▶ 大立光日线图：多头市场的买点

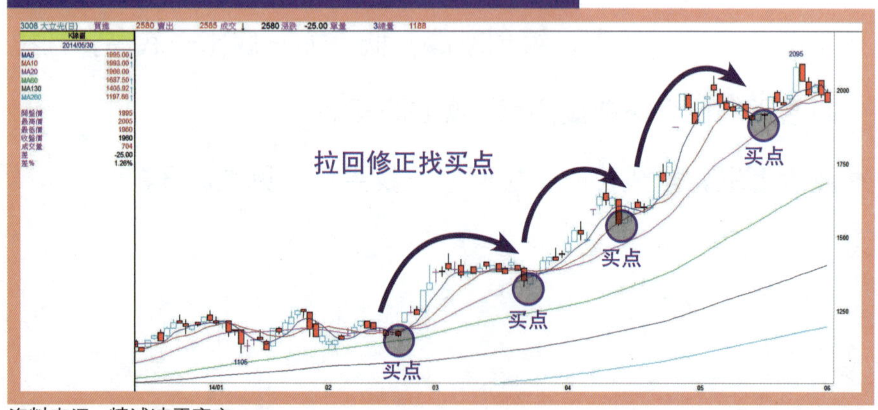

资料来源：精诚速霸赢家

特征② 类股轮涨

强势股、同步股和弱势股的区分，乃是与大盘走势进行比较，见图2-4。

图2-4 ▶ 大盘日线图：大盘止跌

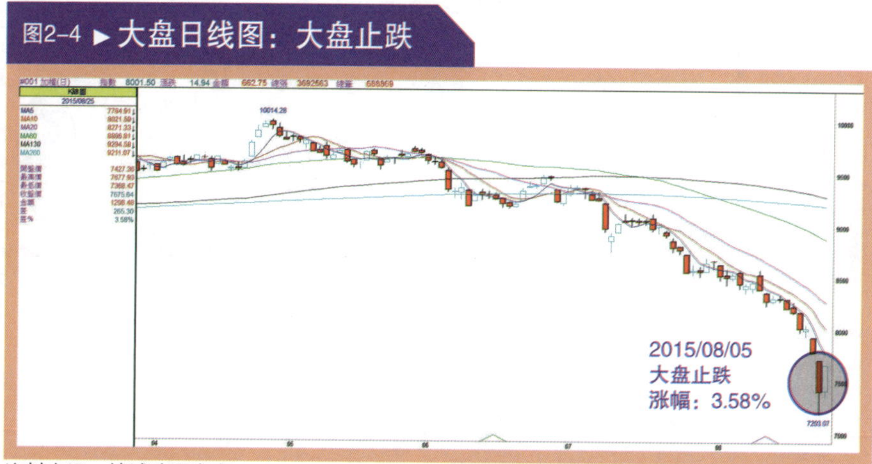

资料来源：精诚速霸赢家

● **强势股：**

大盘跌势尚未结束，但强势股已经领先大盘止跌反弹回升。见图2-5。

● **同步股：**

大盘止跌，同步股与大盘同时止跌；大盘上涨，同步股亦同步上涨。见图2-6。

图2-5 ▶矽品日线图：强势、领先股

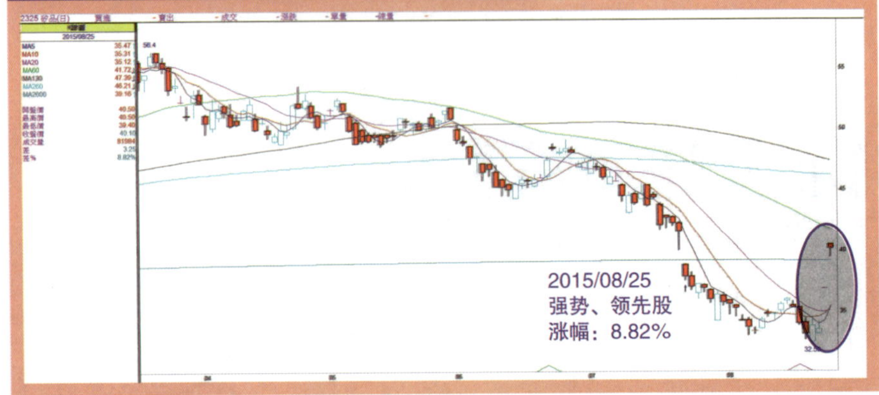

资料来源：精诚速霸赢家

图2-6 ▶统一证日线图：同步股

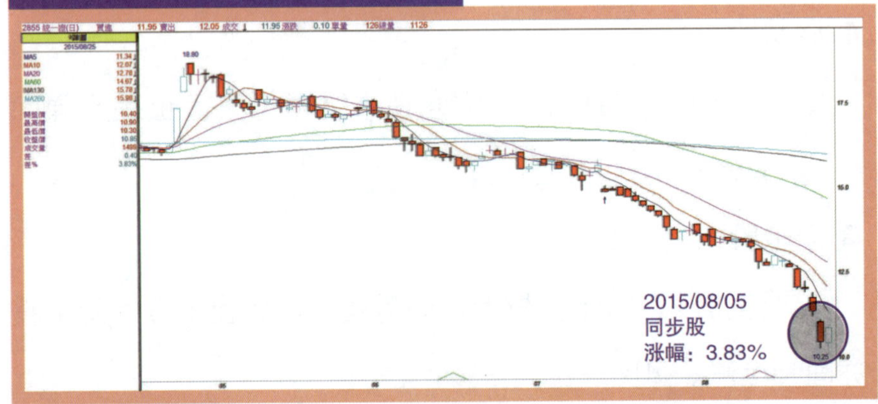

资料来源：精诚速霸赢家

● **弱势股：**

大盘止跌回稳，但弱势股并未同步止跌，还继续下跌。见图2-7。

图2-7 ▶ 裕隆日线图：落后补涨股

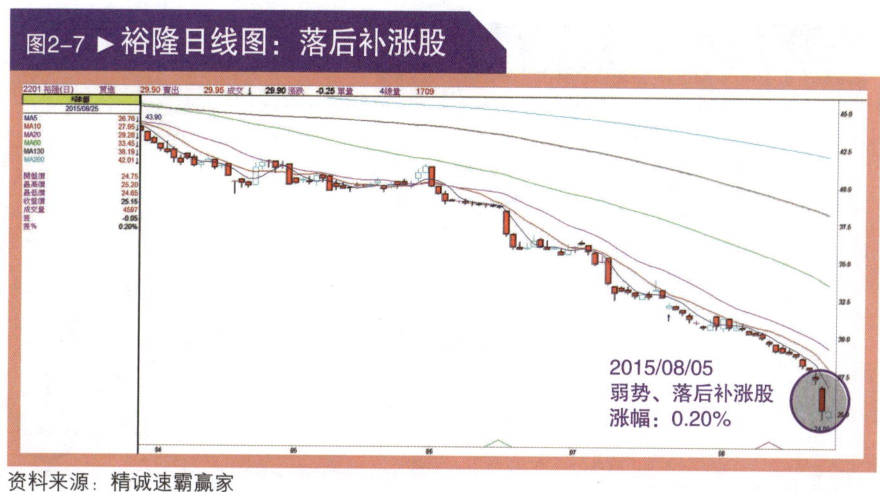

资料来源：精诚速霸赢家

特征③ 任何投资方法都能赚

基本面法：本益比、股价净值比、高殖利率…

☑ **技术面法：**K线、移动平均线、技术指标……

☑ **总经面法：**GDP、PMI、CPI、利率……

☑ **消息面、政策面……**

空头市场：左上➡右下

趋势由左上角往右下角下跌，就是下跌趋势，亦称空头市场。见图2-8。

图2-8 ▶大盘日线图：下跌趋势图

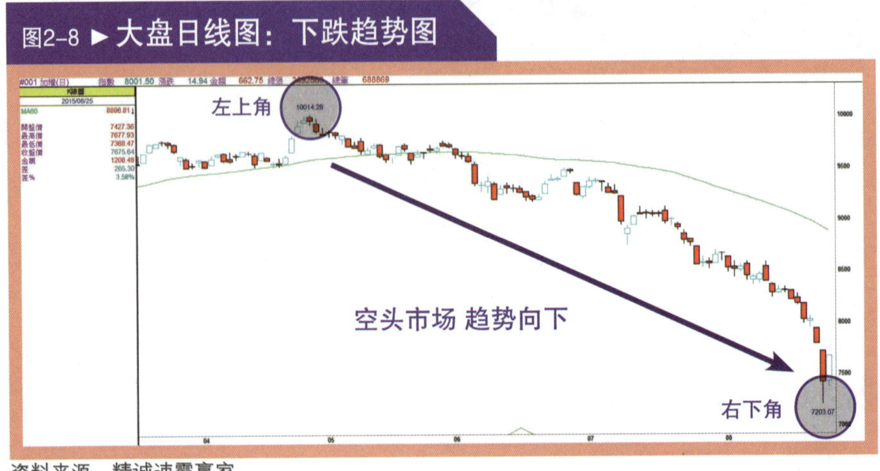

资料来源：精诚速霸赢家

处于空头市场时，会出现以下3个趋势特征：

特征① 下跌惯性

- 低点一底比一底低，低点还有低点续创新低；高点一顶比一顶低，且反弹的高点<前波低点。见图2-9。

图2-9 ▶ 宏达电日线图：空头市场的下跌惯性

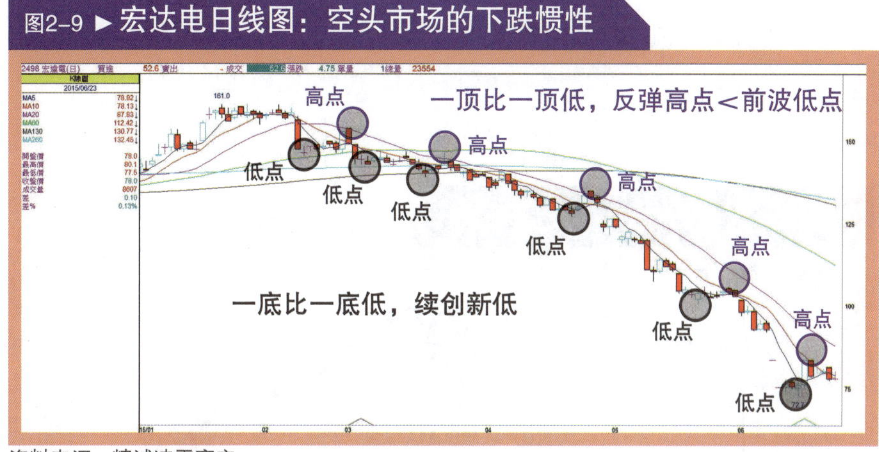

资料来源：精诚速霸赢家

● 波段下跌，短线反弹；反弹找卖（空）点。见图2-10。

图2-10 ▶ 宏达电日线图：多头市场的卖点

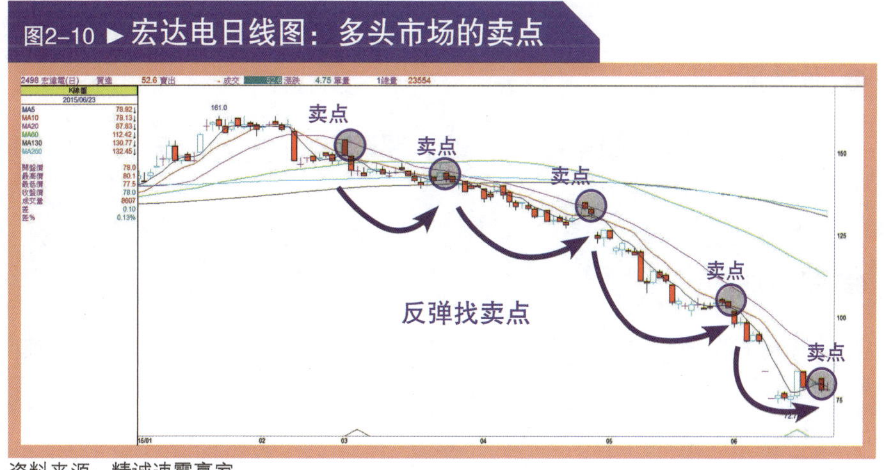

资料来源：精诚速霸赢家

特征② 类股轮跌

弱势股、同步股和强势股的区分，乃是与大盘走势进行比较，见图2-11。

图2-11 ▶ 大盘日线图：大盘下跌

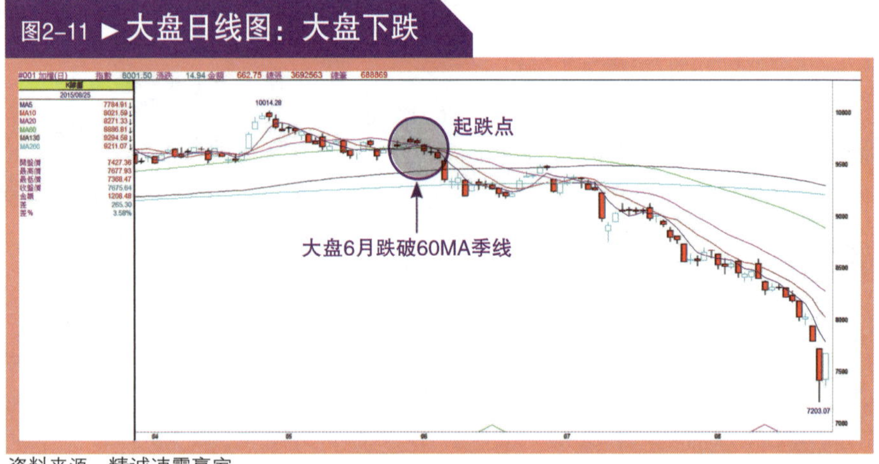

资料来源：精诚速霸赢家

● **弱势股：**

大盘涨势尚未结束，但弱势股已经领先大盘下跌。见图2-12。

● **同步股：**

大盘涨势结束开始下跌，同步股与大盘同时下跌。见图2-13。

图2-12 ▶ 裕隆日线图：弱势、落后补涨股

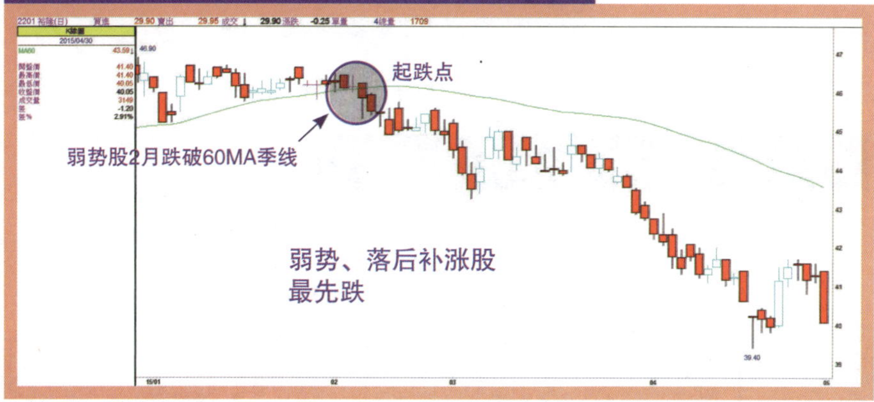

资料来源：精诚速霸赢家

图2-13 ▶ 国票金日线图：同步股

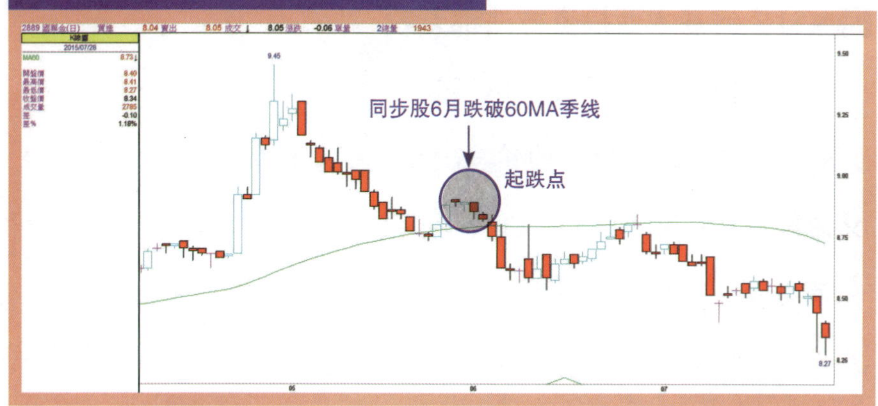

资料来源：精诚速霸赢家

● **强势股：**

大盘跌势结束开始下跌，但强势股并未同步下跌，还继续上涨。见图2-14。

图2-14 ▶ 大立光日线图：强势、领先股

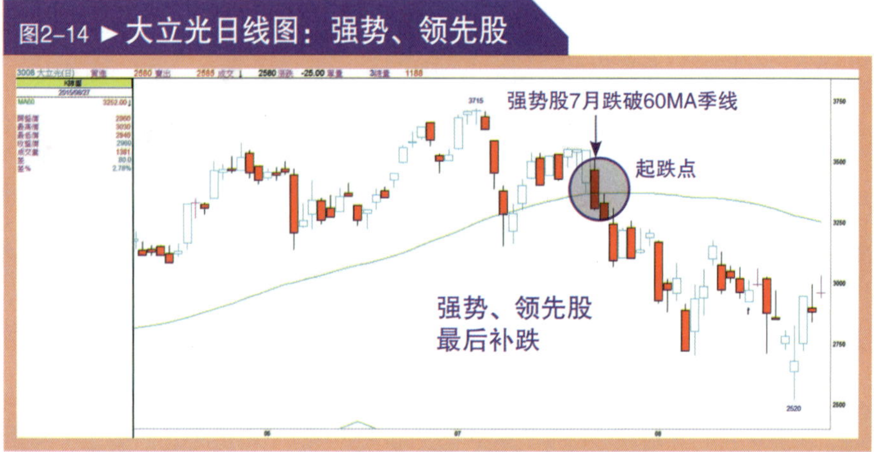

资料来源：精诚速霸赢家

特征③ 任何基本面投资方法都无效

只剩技术面的短线指标有效：

× **基本面法：**本益比、股价净值比、高殖利率……

× **总经面法：**GDP、PMI、CPI、利率……

× **消息面、政策面……**

✓ **技术面法：**K线、移动平均线、技术指标……

盘整市场：左右➡横向移动

趋势由左往右横向移动，就是横向趋势，亦称盘整市场。见图2-15。

图2-15 ▶ 第一金周线图：横向盘整

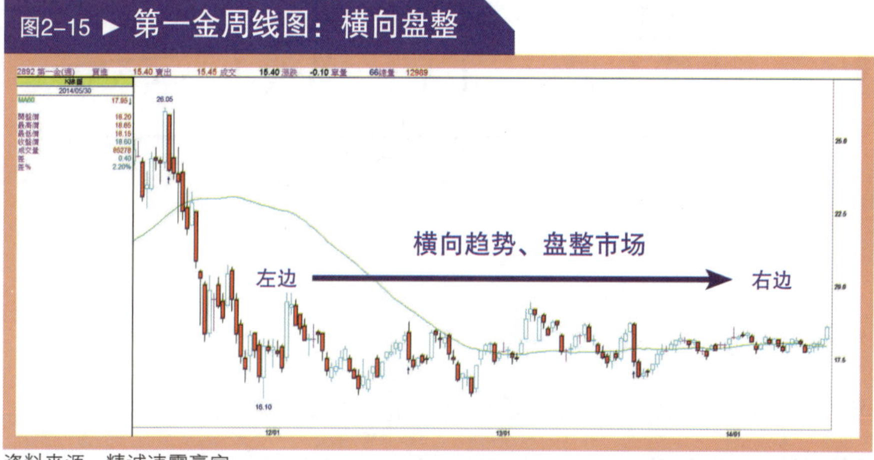

资料来源：精诚速霸赢家

处于盘整市场时，会出现以下3个趋势特征：

特征① 盘整惯性

- 高点不会一顶比一顶高，低点亦不会一底比一底低。
- 区间上下波动，压力线不易有效突破；支撑线亦不易有效跌破。见图2-16。

特征② 类股强者恒强，弱者恒弱

- 产生资金排挤效应。

图2-16 ▶ 第一金周线图：横盘趋势惯性

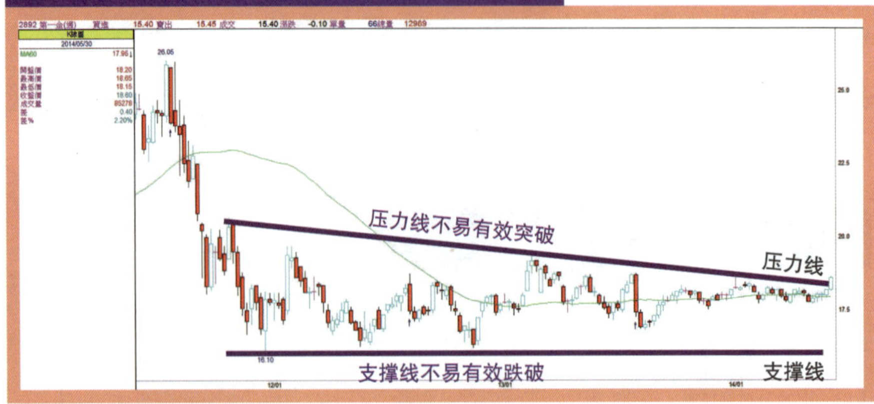

资料来源：精诚速霸赢家

● 强势股（业绩佳）：强者恒强，高点还有高点。

● 弱势股（业绩差）：弱者恒弱，低点还有低点。

特征③ 运用多头和空头市场的操作策略都无效

● 多头市场的操作策略：追高（涨）杀低（跌）。

● 空头市场的操作策略：追低（跌）杀高（涨）。

● 盘整市场的操作策略：低买高卖。

在盘整市场若运用多头市场的操作策略，追高（涨），必定买在盘整市场的相对最高点（套牢）；若运用空头市场的操作策略，追低（跌），必定空在盘整市场的相对最低点（套牢）。

Note

2-2

移动平均线法：找出短中长期买卖点

移动平均线理论是技术分析中最重要的分析理论之一，它具有非常多功能，例如平均成本的概念、黄金交叉和死亡交叉的买卖点研判、葛兰碧8个买卖点研判、助涨支撑和助跌压力作用、研判短中长线多空趋势（本章重点），还有均线扣抵值预测未来趋势的功能、均线纠结研判起涨点或起跌点的功能等。

本章的移动平均线多空分析法，仅着重于简单的概念分享，以及多空趋势的买卖操作论述，慢慢品读、融会贯通，一定可以体会移动平均线法的妙用。

认识平均成本的概念

移动平均线顾名思义，就是取一段时间“收盘价”的平均值画出来的线，举例来说，5日移动平均线（5MA）即是最近5天的平均成本，若收盘价>5日移动平均线，代表最近5天买进者都赚钱；若收盘价<5日移动平均线，代表最近5天买进者都赔钱（套牢）。

操作上常用的平均线

10MA	10日移动平均线，最近10天的平均成本。
20MA	20日移动平均线，最近20天的平均成本。
60MA	60日移动平均线，最近60天的平均成本。
130MA	130日移动平均线，最近130天的平均成本。
260MA	260日移动平均线，最近260天的平均成本。

趋势的界定

短线 5MA、10MA（周线、双周线）。

中线（波段） 20MA、60MA（月线、季线）。

长线 130MA、260MA（半年线、年线）。

移动平均线的基本应用

1. 短线操作

收盘价＞5MA，短线买进；
收盘价＞10MA，短线加码。
收盘价＜5MA，短线减码；
收盘价＜10MA，短线卖出观望。

移动平均线除了有平均成本的概念外，还具有助涨的支撑作用，或助跌的压力作用。

举例来说，若5日移动平均线的趋势一直往下，就会形成助跌的压力作用，当股价止跌反弹碰到5MA，不易往上突破，股价就会拉回修正；依此类推，若10日移动平均线的趋势一直往下，也会形成助跌的压力作用，当股价止跌反弹碰到10MA，不易往上突破，股价就会拉回修正。

股价如何才能向上突破5MA或10MA？当5MA或10MA的走势由下跌趋势变成横向趋势时，表示助跌的压力作用失效，因为移动平均线向下或向上，才会产生助跌的压力作用或助涨的支撑作用。

股价很容易在5MA或10MA的走势变成横向趋势时，往上突破或往下跌破，于是形成技术分析中短线“黄金交叉”的买点，或“死亡交叉”的卖点。

买点

- 当5MA走平，股价由下往上穿越5MA，就是短线的黄金交叉买点。
- 当10MA走平，股价由下往上穿越10MA，就是短线的黄金交叉加码买点。见图2-17。

卖点

- 当5MA走平，股价由上往下跌破5MA，就是短线的死亡交叉卖点。
- 当10MA走平，股价由上往下跌破10MA，就是短线的死亡交叉加码卖点。见图2-17。当10MA走平，股价由下往上穿越

图2-17 ► 大立光日线图：短线操作的买卖点

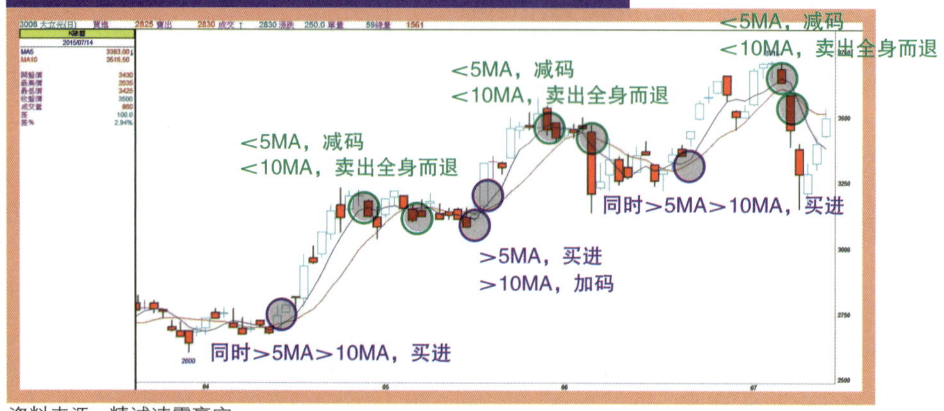

资料来源：精诚速霸赢家

5MA＞10MA：短线“黄金交叉”买点
5MA＜10MA：短线“死亡交叉”卖点

5MA，且5MA亦由下往上穿越10MA，就是短线的黄金交叉买点；当10MA走平，股价由上往下跌破5MA，且5MA亦由上往下跌破10MA，就是短线的死亡交叉卖点。见图2-18。

图2-18 ▶ 大立光日线图：短线黄金、死亡交叉买卖点

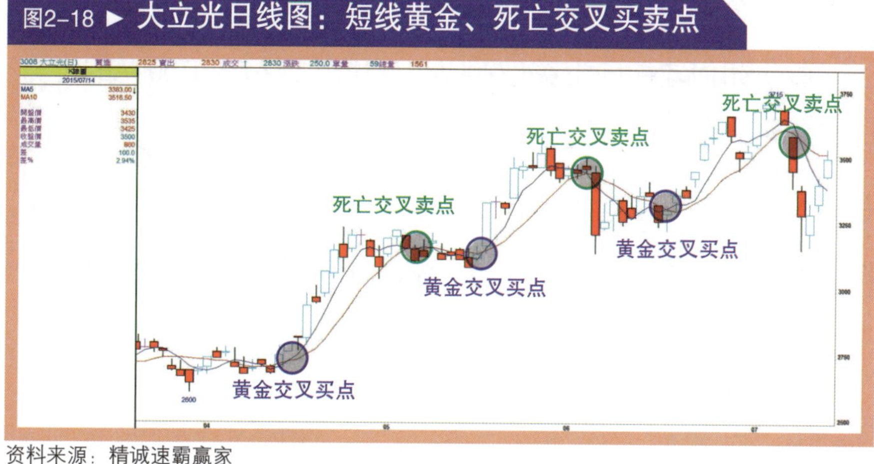

资料来源：精诚速霸赢家

2. 中线（波段）操作

收盘价＞20MA：波段买进；
收盘价＞60MA：波段加码。
收盘价＜20MA：波段减码；
收盘价＜60MA：波段卖出观望。

若20日移动平均线的趋势一直往下，就会形成助跌的压力作用，当股价止跌反弹碰到20MA，不易往上突破，股价就会拉回修正；依此类推，若60日移动平均线的趋势一直往下，也会形成助跌的压力作用，当股价止跌反弹碰到60MA，

不易往上突破，股价就会拉回修正。

股价如何才能向上突破20MA或60MA？当20MA或60MA的走势由下跌趋势变成横向趋势时，表示助跌的压力作用失效，因为移动平均线向下或向上，才会产生助跌的压力作用或助涨的支撑作用。股价很容易在20MA或60MA的走势变成横向趋势时，往上突破或往下跌破，于是形成技术分析中线“黄金交叉”的买点，或“死亡交叉”的卖点。

买点

- 当20MA走平，股价由下往上穿越20MA，就是中线的黄金交叉买点。
- 当60MA走平，股价由下往上穿越60MA，就是中线的黄金交叉加码买点。见图2-19。

图2-19 ▶ 大立光日线图：中线操作的买卖点

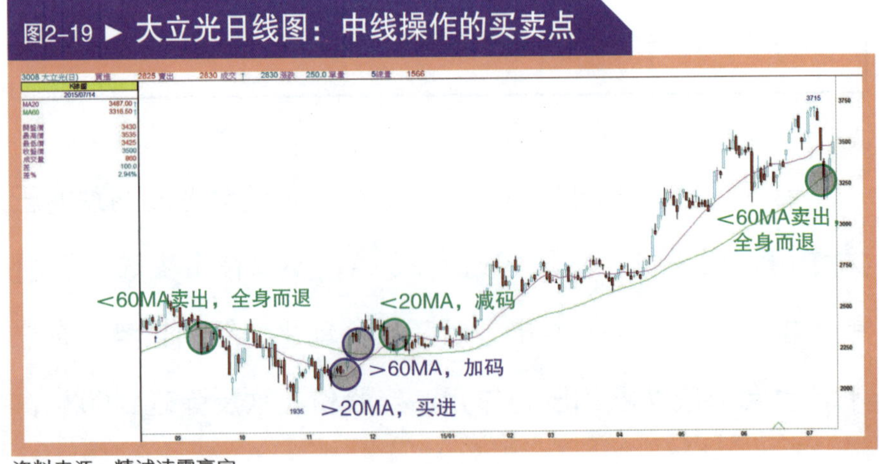

资料来源：精诚速霸赢家

20MA＞60MA：中线“黄金交叉”买点
20MA＜60MA：中线“死亡交叉”卖点

卖点

- 当20MA走平，股价由上往下跌破20MA，就是中线的死亡交叉卖点。
- 当60MA走平，股价由上往下跌破60MA，就是短线的死亡交叉加码卖点。见图2-19。

当60MA走平，股价由下往上穿越20MA，且20MA亦由下往上穿越60MA，就是中线的黄金交叉买点；当60MA走平，股价由上往下跌破20MA，且20MA亦由上往下跌破60MA，就是中线的死亡交叉卖点。见图2-20。

图2-20 ▶ 大立光日线图：中线黄金、死亡交叉买卖点

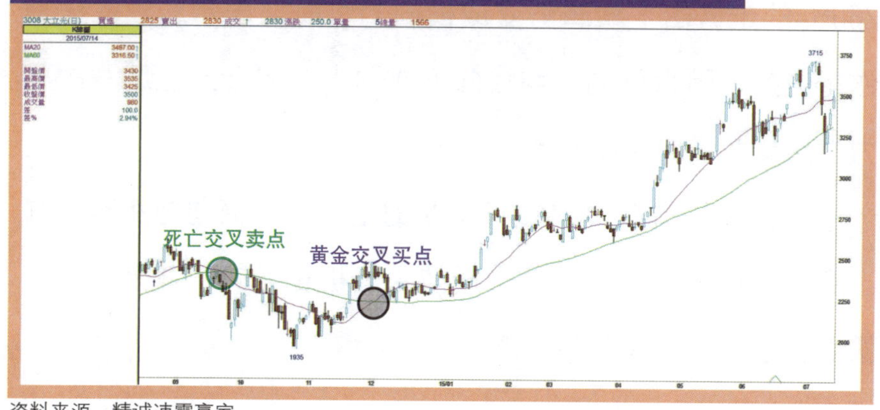

资料来源：精诚速霸赢家

3. 长线操作

收盘价>130MA：长线买进；
收盘价>260MA：长线加码。
收盘价<130MA：长线减码；
收盘价<260MA：长线卖出观望。

若130日移动平均线的趋势一直往下，就会形成助跌的压力作用，当股价止跌反弹碰到130MA，不易往上突破，股价就会拉回修正；依此类推，当260日移动平均线的趋势一直往下，也会形成助跌的压力作用，当股价止跌反弹碰到260MA，不易往上突破，股价就会拉回修正。

股价如何才能向上突破130MA或260MA？当130MA或260MA的走势由下跌趋势变成横向趋势时，表示助跌的压力作用失效，因为移动平均线向下或向上，才会产生助跌的压力作用或助涨的支撑作用。

股价很容易在130MA或260MA的走势变成横向趋势时，往上突破或往下跌破，于是形成技术分析长线的“黄金交叉”买点，或“死亡交叉”卖点。

买点

- 当130MA走平，股价由下往上穿越130MA，就是长线的黄金交叉买点。
- 当260MA走平，股价由下往上穿越260MA，就是长线的黄金交叉加码买点。见图2-21。

图2-21 ► 大日光日线图：长线操作的买卖点

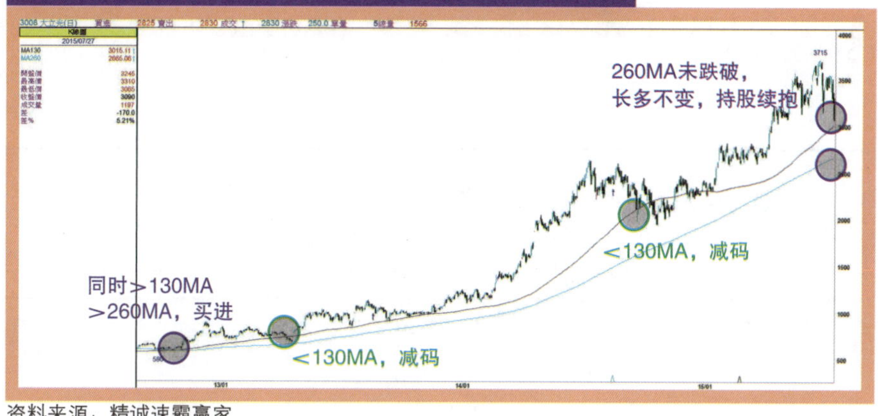

资料来源：精诚速霸赢家

卖点

- 当130MA走平，股价由上往下跌破130MA，就是长线的死亡交叉卖点。
- 当260MA走平，股价由上往下跌破260MA，就是长线的死亡交叉加码卖点。见图2-22。

图2-22 ▶ 华亚科日线图：长线操作的买卖点

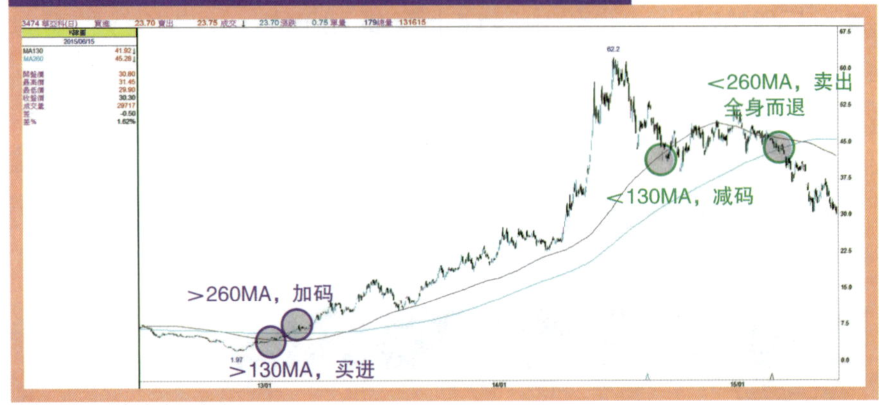

资料来源：精诚速霸赢家

> 130MA＞260MA：长线“黄金交叉”买点
> 130MA＜260MA：长线“死亡交叉”卖点

当260MA走平，股价由下往上穿越130MA，且130MA亦由下往上穿越260MA，是长线的黄金交叉买点；当260MA走平，股价由上往下跌破260MA，且130MA亦由上往下跌破260MA，就是长线的死亡交叉卖点。见图2-23和图2-24。

图2-23 ▶ 大立光日线图：长线黄金交叉、死亡交叉买卖点

资料来源：精诚速霸赢家

图2-24 ▶ 华亚科日线图：长线黄金交叉、死亡交叉买卖点

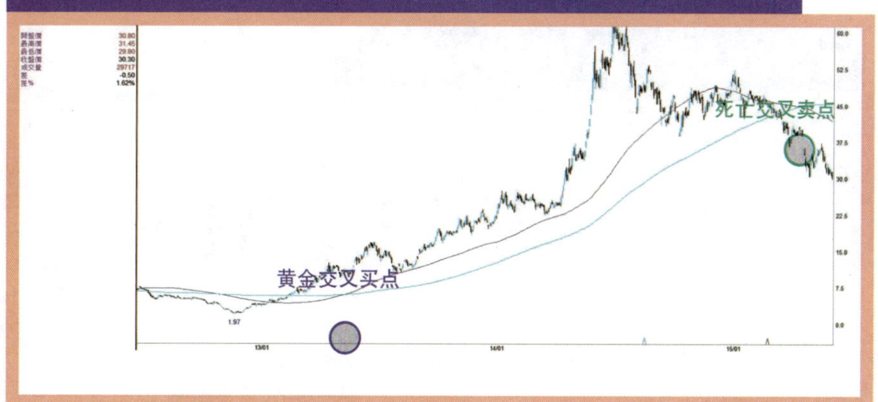

资料来源：精诚速霸赢家

用均线判断多空趋势

1. 短线（5MA、10MA）

> ❶ 收盘价＞5MA＞10MA，短线盘势偏多，持股续抱。

当5MA走平，股价由下往上穿越5MA，就是短线的黄金交叉第1买点；当10MA走平，股价由下往上穿越10MA，就是短线的黄金交叉第2加码买点。当5MA的走势由下往上突破10MA，就是移动平均线的短线黄金交叉买点。

当收盘价大于5MA，且5MA亦大于10MA，表示短线呈现多头排列，短线盘势偏多，持股续抱。见图2-25。

图2-25 ▶ 南侨日线图：短线多头排列

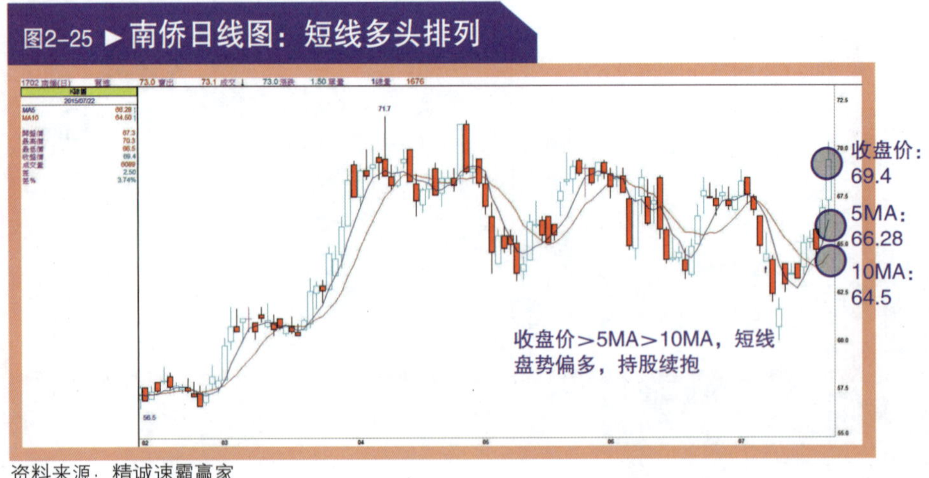

资料来源：精诚速霸赢家

❷ 收盘价＜5MA＜10MA，短线盘势偏空，持股卖出全身而退！

当5MA走平，股价由上往下跌破5MA，就是短线的死亡交叉第1卖点；当10MA走平，股价由上往下跌破10MA，就是短线的死亡交叉第2加码卖点。当5MA的走势由上往下跌破10MA，就是移动平均线的短线死亡交叉卖点。

当收盘价小于5MA，且5MA亦小于10MA，表示短线呈现空头排列，短线盘势偏空，持股卖出全身而退。见图2-26。

图2-26 ▶ 旺宏日线图：短线空头排列

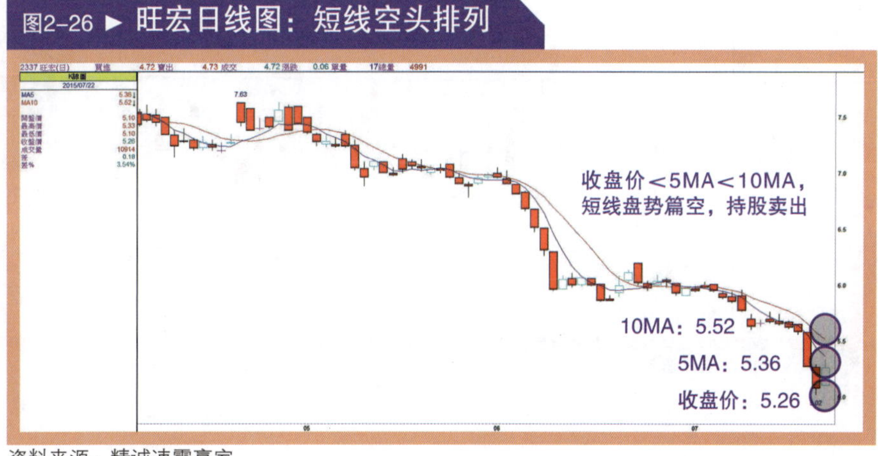

资料来源：精诚速霸赢家

❸ 收盘价＜5MA、＞10MA，短线盘势盘整，减码观望。

当5MA走平，股价由上往下跌破5MA，就是短线的死亡交叉第1卖点；若股价尚未由上往下跌破10MA，则没有形成短线的死亡交叉第2加码卖点。

当收盘价小于5MA但尚未小于10MA，表示短线呈现多空交战状态，也就是说，收盘价仅跌破短天期的5MA，尚未跌破长天期的10MA，2条移动平均线只跌破1条时，表示短线盘势处于盘整状态，宜减码卖出观望。见图2-27。

图2-27 ▶ 玉山金日线图：短线盘整排列

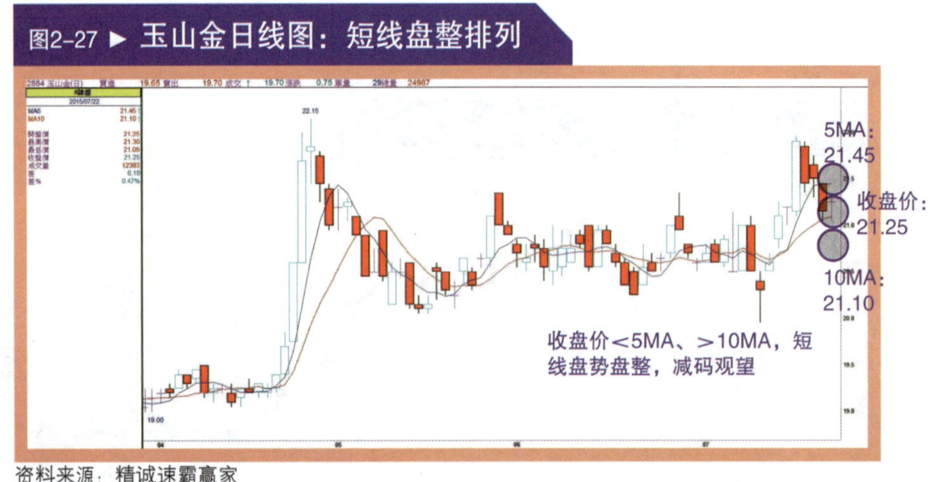

资料来源：精诚速霸赢家

2. 中线（20MA、60MA）

❶ 收盘价>20MA>60MA，中线盘势偏多，持股续抱。

当20MA走平，股价由下往上穿越20MA，就是中线的黄金交叉第1买点；当60MA走平，股价由下往上穿越60MA，就是中线的黄金交叉第2加码买点。当20MA的走势由下往上突破60MA，就是移动平均线的中线黄金交叉买点。

当收盘价大于20MA，且20MA亦大于60MA，表示中线呈现多头排列，中线盘势偏多，持股续抱。见图2-28。

图2-28 ► 佳格日线图：中线多头排列

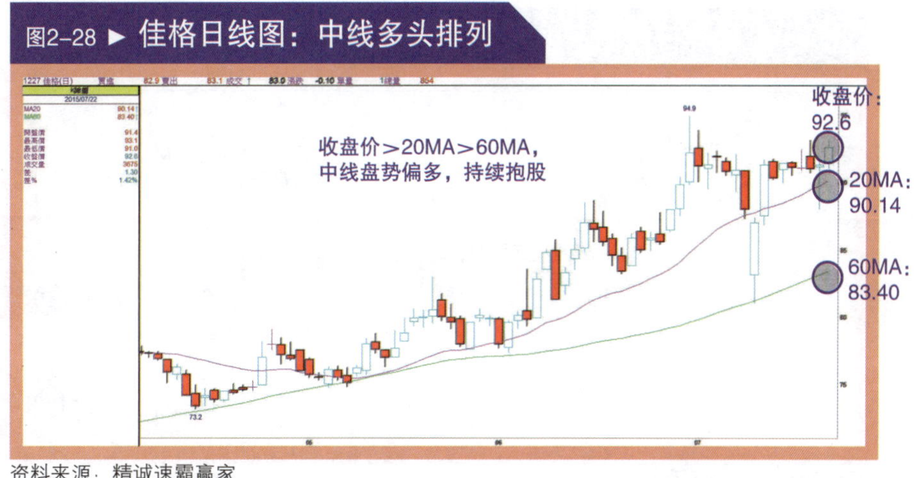

资料来源：精诚速霸赢家

❷ 收盘价<20MA<60MA，中线盘势偏空，持股卖出全身而退。

当20MA走平，股价由上往下跌破20MA，就是中线的死亡交叉第1卖点；当60MA走平，股价由上往下跌破60MA，就是中线的死亡交叉第2加码卖点。当20MA的走势由上往下跌破60MA，就是移动平均线的中线死亡交叉卖点。

当收盘价小于20MA，且20MA亦小于60MA，表示中线呈现空头排列，中线盘势偏空，持股卖出全身而退。见图2-29。

图2-29 ▶ 铭异日线图：中线空头排列

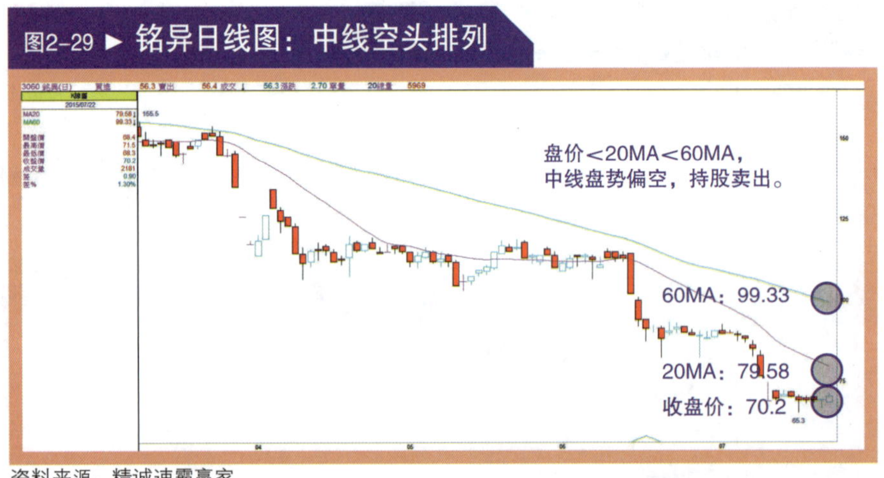

资料来源：精诚速霸赢家

❸ 收盘价<20MA、>60MA，中线盘势盘整，减码观望。

当20MA走平，股价由上往下跌破20MA，就是中线的死亡交叉第1卖点；而股价尚未由上往下跌破60MA，没有形成中线的死亡交叉第2加码卖点。

当收盘价小于20MA，但尚未小于60MA，表示中线呈现多空交战状态，也就是说，收盘价仅跌破短天期的20MA，尚未跌破长天期的60MA，2条移动平均线只跌破1条时，表示中线盘势处于盘整状态，宜减码卖出观望。见图2-30。

图2-30 ▶ 得力日线图：中线盘整排列

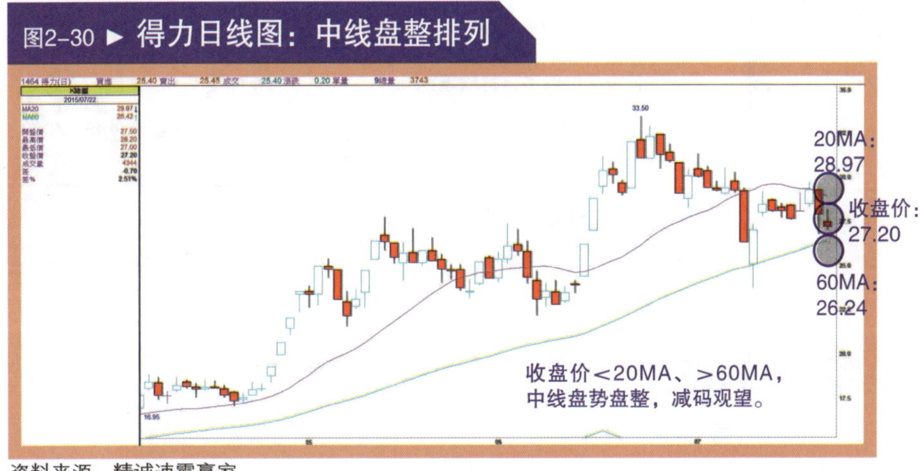

资料来源：精诚速霸赢家

3. 长线（130MA、260MA）

❶ 收盘价＞130MA＞260MA，长线盘势偏多，持股续抱。

当130MA走平，股价由下往上穿越130MA，就是长线的黄金交叉第1买点；当260MA走平，股价由下往上穿越260MA，就是长线的黄金交叉第2加码买点。当130MA的走势由下往上突破260MA，就是移动平均线的长线黄金交叉买点。

当收盘价大于130MA，且130MA亦大于260MA，表示长线呈现多头排列，长线盘势偏多，持股续抱。见图2-31。

图2-31 ▶ 儒鸿日线图：长线多头排列

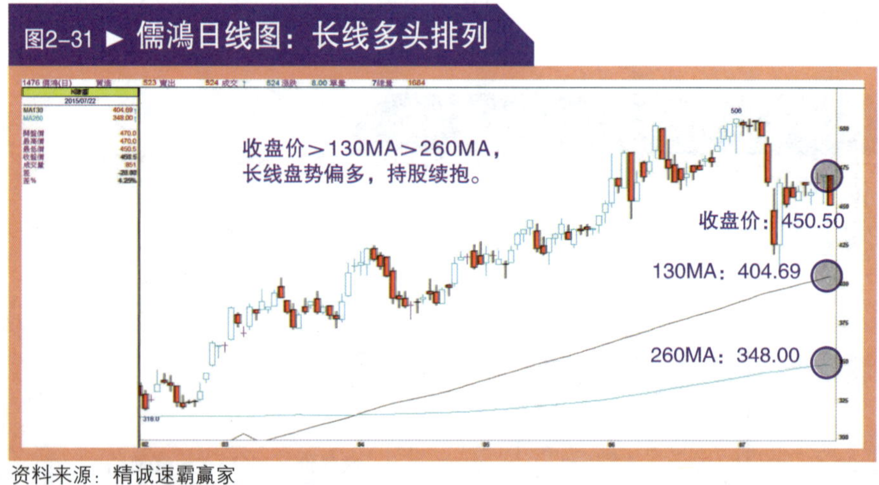

资料来源：精诚速霸赢家

❷ 收盘价<130MA<260MA，长线盘势偏空，持股卖出全身而退。

当130MA走平，股价由上往下跌破130MA，就是长线的死亡交叉第1卖点；当260MA走平，股价由上往下跌破260MA，就是长线的死亡交叉第2加码卖点。当130MA的走势由上往下跌破260MA，就是移动平均线的长线死亡交叉卖点。

当收盘价小于130MA，且130MA亦小于260MA，表示长线呈现空头排列，长线盘势偏空，持股卖出全身而退。见图2-32。

图2-32 ▶ 铭异日线图：长线空头排列

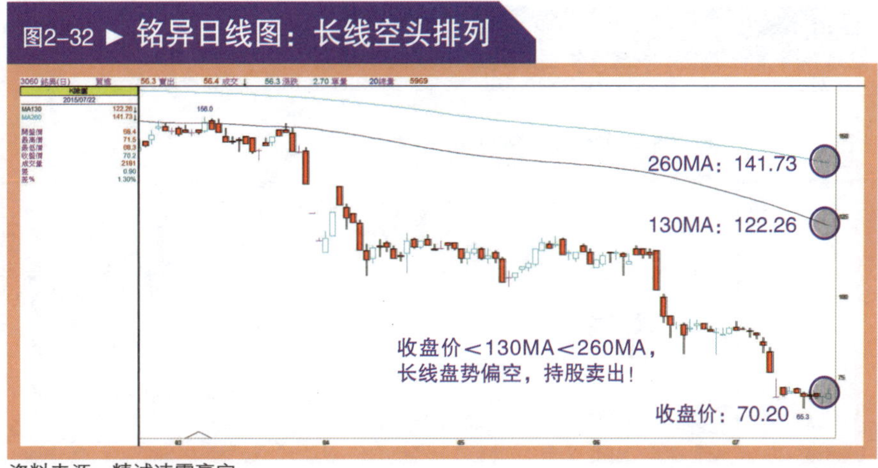

资料来源：精诚速霸赢家

❸ 收盘价＜130MA、＞260MA，长线盘势盘整，减码观望。

当130MA走平，股价由上往下跌破130MA，就是长线的死亡交叉第1卖点；而股价尚未由上往下跌破260MA，没有形成长线的死亡交叉第2加码卖点。

当收盘价小于130MA，但未小于260MA，表示长线呈现多空交战，也就是说，收盘价仅跌破短天期的130MA，尚未跌破长天期的260MA，2条移动平均线只跌破1条时，表示长线盘势处于盘整状态，宜减码卖出观望。见图2-33。

图2-33 ▶ 汉微科日线图：长线盘整排列

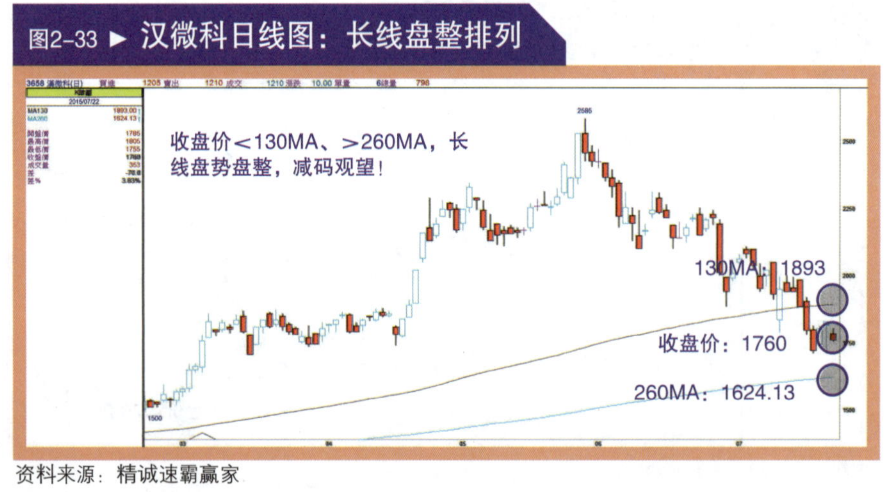

资料来源：精诚速霸赢家

实际应用 避开空头大跌趋势

1. 加权指数：短、中、长线皆偏空

以台股加权指数2015年7月22日的日线图为例，短线：

收盘价＜5MA＜10MA；中线：收盘价＜20MA＜60MA；长线：收盘价＜130MA＞260MA。短、中线盘势偏空，长线盘势呈现盘整，投资人应该卖出持股，全身而退。

当加权指数的收盘价＜5MA＜10MA＜20MA＜60MA＜130MA＜260MA，收盘价同时小于6条代表短、中、长期的移动平均线，表示盘势处于大空头排列的空头市场，将酝酿回测5年或10年线。见图2-34。

图2-34 ▶ 大盘日线图：用均线判断加权指数多空

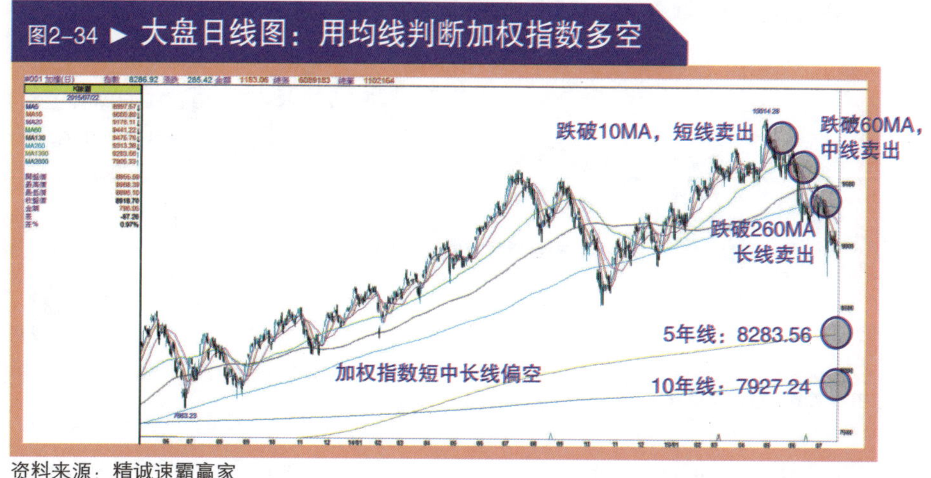

资料来源：精诚速霸赢家

2. 柜台指数：短、中、长线皆偏空

以台股柜台指数2015年7月22日的日线图为例，短线：收盘价＜5MA＜10MA；中线：收盘价＜20MA＜60MA；长线：

收盘价＜130MA＞260MA。短、中线盘势偏空，长线盘势呈现盘整，投资人应该卖出持股，全身而退。

当柜台指数的收盘价＜5MA＜10MA＜20MA＜60MA＜130MA＜260MA，收盘价同时小于6条代表短、中、长期的移动平均线，表示盘势处于大空头排列的空头市场，将酝酿回测5年或10年线。见图2-35。

图2-35 ▶ 柜台日线图：用均线判断柜台指数多空

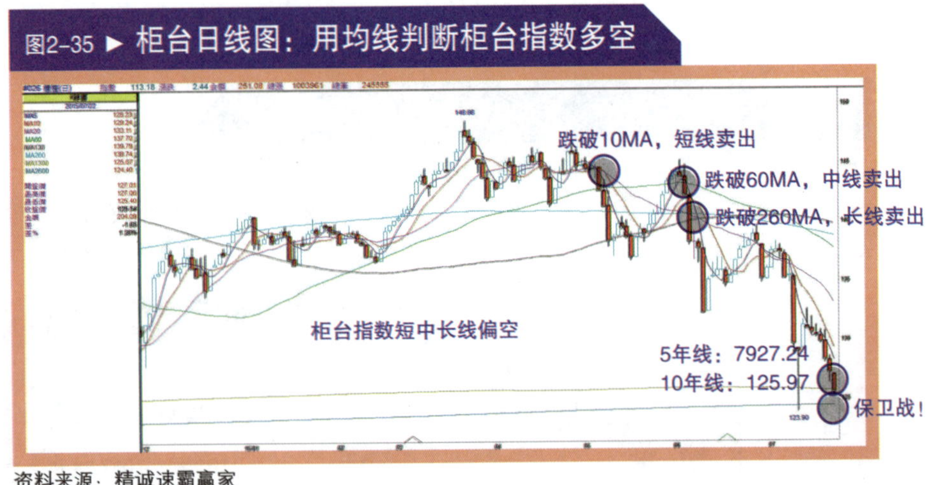

资料来源：精诚速霸赢家

从台股加权指数及柜台指数日线图可以看出，若投资人能遵守移动平均线多空分析法操作，理应可以趋吉避凶，避开空头大跌趋势。

❶ **短线操作纪律：**收盘价＜5MA，短线减码；收盘价＜10MA，短线卖出观望（全身而退）。

❷ **中线操作纪律：** 收盘价＜20MA，中线减码；收盘价＜60MA，中线卖出观望（全身而退）。

❸ **长线操作纪律：** 收盘价＜130MA，长线减码；收盘＜260MA，长线卖出观望（全身而退）。

2015年7月22日加权指数和柜台指数短、中、长线皆偏空，若投资人严守操作纪律，尊重趋势顺势而为，短、中、长线操作者理应皆全身而退，无股一身轻；若还有持股，那真是身心煎熬啊！

3. 个股范例演练

❶ **短线操作者：收盘价＜5日线，减码**
收盘价＜10日线，卖出全身而退

图2-36 ▶ 演练1：大立光日线图

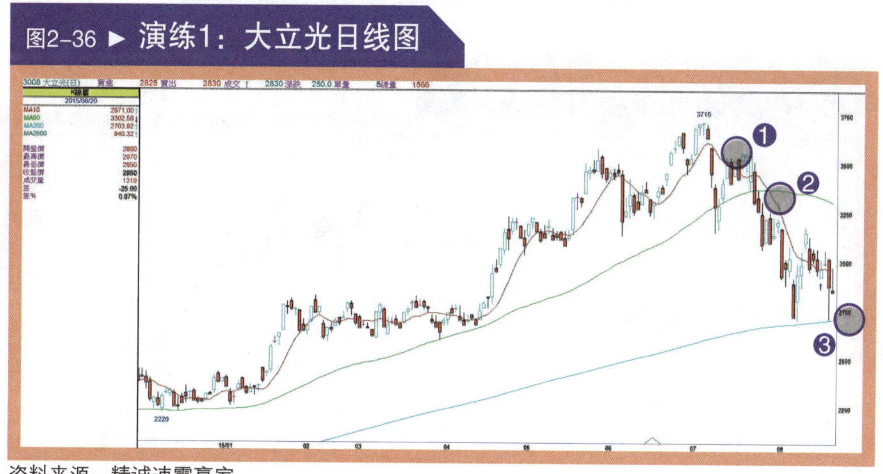

资料来源：精诚速霸赢家

若收盘价＜10日线3,600.50元，卖出全身而退，迄8月20日股价2,850元，可以避开750.5元的大跌（－20.84%）。

❷ 中线操作者：收盘价<20日线，减码
收盘价<60日线，卖出全身而退

若收盘价＜60日线3,367.83元，卖出全身而退，迄8月20日股价2,850元，可以避开517.83元的大跌（－15.38%）。

❸ 长线操作者：收盘价<130日线，减码
收盘价<260日线，卖出全身而退

收盘价2,850元＞260日线2,703.92元，长线多头趋势未变。

❶ 短线操作者：收盘价<5日线，减码
收盘价<10日线，卖出全身而退

图2-37 ▶演练2：汉微科日线图

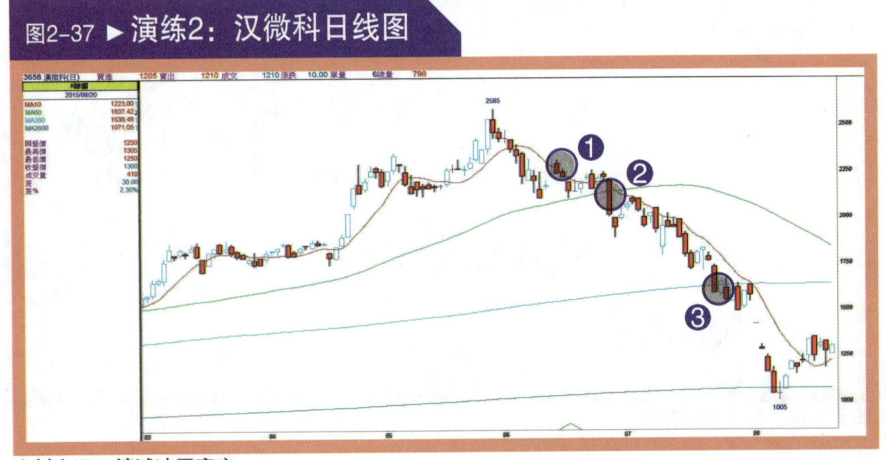

资料来源：精诚速霸赢家

若收盘价＜10日线2,379.50元卖出全身而退，迄8月20日股价1,300元，可避开1,079.5元的大跌（－45.37%）。

❷ 中线操作者：收盘价＜20日线，减码
收盘价＜60日线，卖出全身而退

若收盘价＜60日线2,138.75元卖出全身而退，迄8月20日股价1,300元，可避开838.75元的大跌（－39.22%）。

❸ 长线操作者：收盘价＜130日线，减码
收盘价＜260日线，卖出全身而退

若收盘价＜260日线1,625.69元卖出全身而退，迄8月20日股价1,300元，可避开325.69元的大跌（－20.03%）。

4. 股市范例演练

图2-38 ▶ 演练1：美国道琼日线图

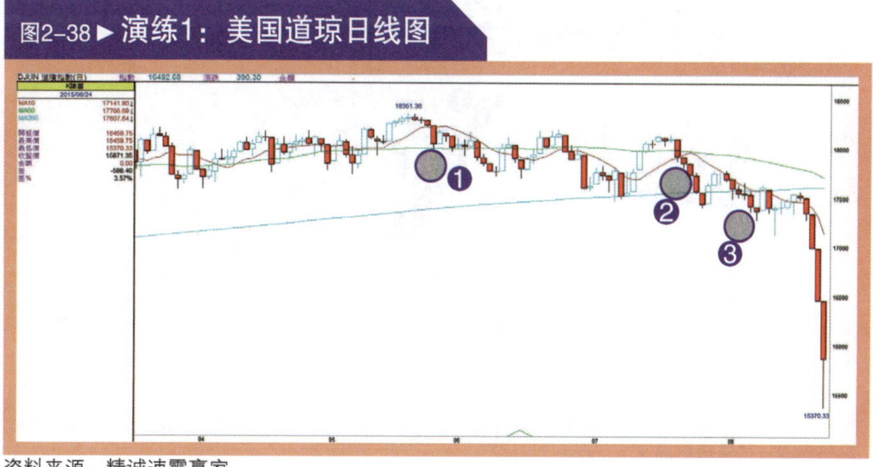

资料来源：精诚速霸赢家

❶ 短线操作者：收盘价<5日线，减码
收盘价<10日线，卖出全身而退

若收盘价<10日线18210.95点卖出全身而退，迄8月24日道琼指数15370.33点，可避开2840.62点的大跌（-15.60%）。

❷ 中线操作者：收盘价<20日线，减码
收盘价<60日线，卖出全身而退

若收盘价<60日线17983.24点卖出全身而退，迄8月24日道琼指数15370.33点，可避开2612.91点的大跌（-14.53%）。

❸ 长线操作者：收盘价<130日线，减码
收盘价<260日线，卖出全身而退

图2-39 ▶ 演练2：中国上海综合日线图

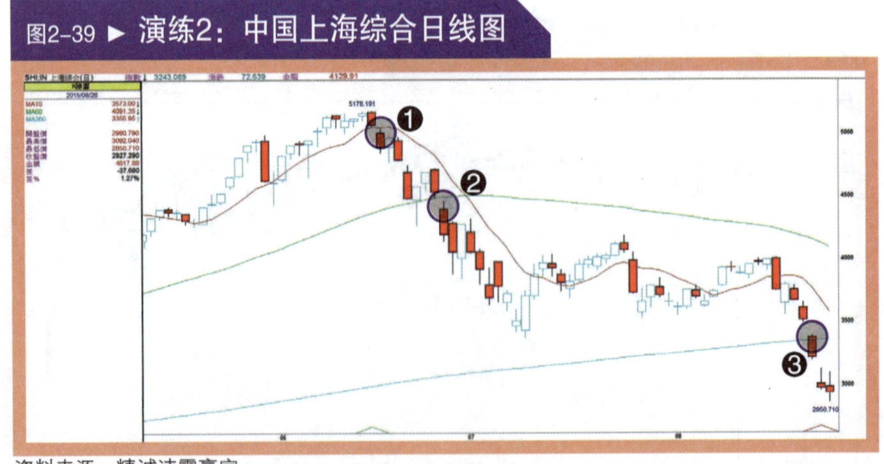

资料来源：精诚速霸赢家

若收盘价＜260日线17576.88点卖出全身而退，迄8月24日道琼指数15370.33点，可避开2206.55点的大跌（－12.55%）。

❶ 短线操作者：收盘价＜5日线，减码
收盘价＜10日线，卖出全身而退

若收盘价＜10日线5047点卖出全身而退，迄8月26日上海综合指数2850.71点，可避开2196.29点的大跌（－43.52%）。

❷ 中线操作者：收盘价＜20日线，减码
收盘价＜60日线，卖出全身而退

若收盘价＜60日线4494.93点卖出全身而退，迄8月26日上海综合指数2850.71点，可避开1644.22点的大跌（－36.58%）。

❸ 长线操作者：收盘价＜130日线，减码
收盘价＜260日线，卖出全身而退

若收盘价＜260日线3350.38点卖出全身而退，迄8月26日上海综合指数2850.71点，可避开499.67点的大跌（－14.91%）。

移动平均线代表平均成本：

5日线 最近5天的平均成本，收盘价<5日线，表示近5日（1周）买进者套牢。

10日线 最近10天的平均成本，收盘价<10日线，表示近10日（2周）买进者套牢。

20日线 最近20天的平均成本，收盘价<20日线，表示近20日（1个月）买进者套牢。

60日线 最近60天的平均成本，收盘价<60日线，表示近60日（1季）买进者套牢。

130日线 最近130天的平均成本，收盘价<130日线，表示近130日（半年）买进者套牢。

260日线 最近260天的平均成本，收盘价<260日线，表示近260日（1年）买进者套牢。

2600日线 最近2600天的平均成本，收盘价<2600日线，表示近2600日（10年）买进者套牢。

加权指数自2015年4月28日盘中出现高点10014.28点后，开始下跌，空军一路过关斩6将（5日线、10日线、20日线、60日线、130日线、260日线），一度面临10年线保卫战，8月20日盘中低点7951.72点，10年线为7917.55点，只差34.17点。

自10014.28点下跌到7951.72点，跌幅达20.60%！若投资人能依据移动平均线操作法，理应全身而退，何来套牢亏损之理！

Note

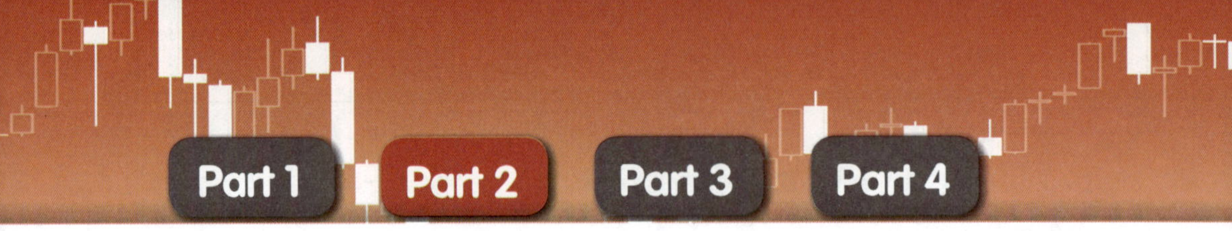

2-3

X象限分析法：抓住多空转折信号

用1条上升趋势支撑线和1条下降趋势压力线，可以构成大叉叉线，类似英文字母X，我将之称为“X线”；X线又可区分成4个空间（象限），类似数学和测量学的4个象限，用X象限分析，可以看出多空趋势。

X象限的基本图形

X象限分析法是形态理论“三角形收敛”的延伸；“三角形收敛”表示盘势即将变盘，多空趋势要摊牌，未来是上涨或下跌，答案将会揭晓。

以基本的图形来看，位于X线正上方的象限称为“多头市场”，位于正下方的象限称为“空头市场”，位于左方和右方的象限称为“盘整市场”。

X 象限图形

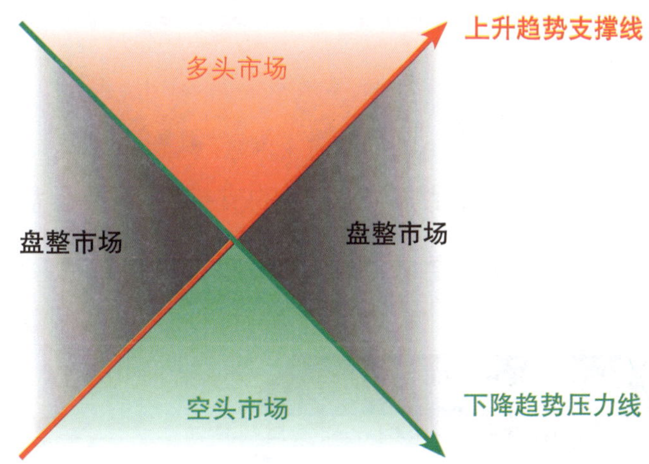

1. 多头上涨趋势

当股价向上突破三角形的压力线，表示盘势突破盘局，转为多头上涨趋势，突破压力线为买进信号，简称买点。

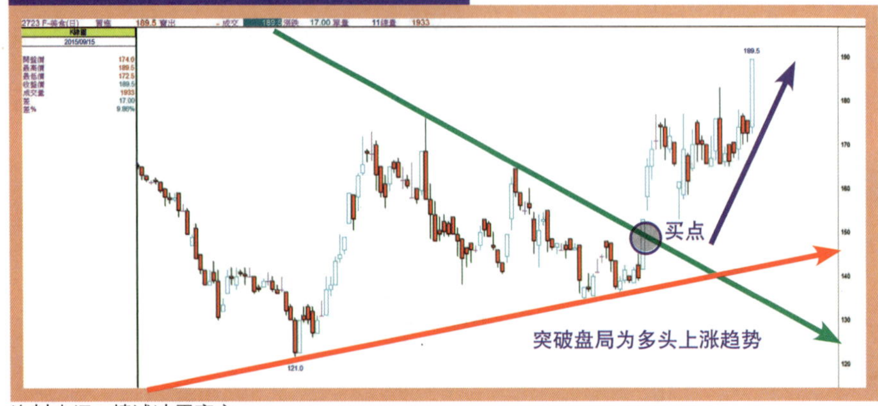

资料来源：精诚速霸赢家

2. 空头下跌趋势

当股价向下跌破三角形的支撑线，表示盘势突破盘局，转为空头下跌趋势，跌破支撑线为卖出信号，简称卖点。

大盘日线图：空头卖出信号

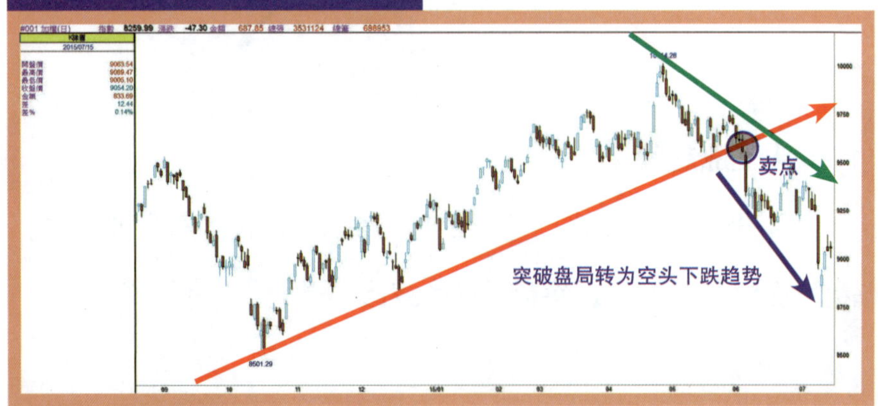

资料来源：精诚速霸赢家

用X象限判断多空

X象限分析法的X线怎么画？先找2个最近的高点将其相连，无限延伸，称作下降趋势压力线；再找2个最近的低点将其相连，无限延伸，称作上升趋势支撑线；2线交会，就会构成X象限。

盘整市场转为多头市场

当股价位于X象限的左侧，属于盘整区，这是X象限分析法的分析源头，也是常态模式。一旦股价上涨突破下降趋势压力线，是绝佳买点，此买点为盘整市场转为多头市场的关键点，表示股价趋势由盘整象限（市场），转为多头象限（市场）。

盘整转多头的转折点

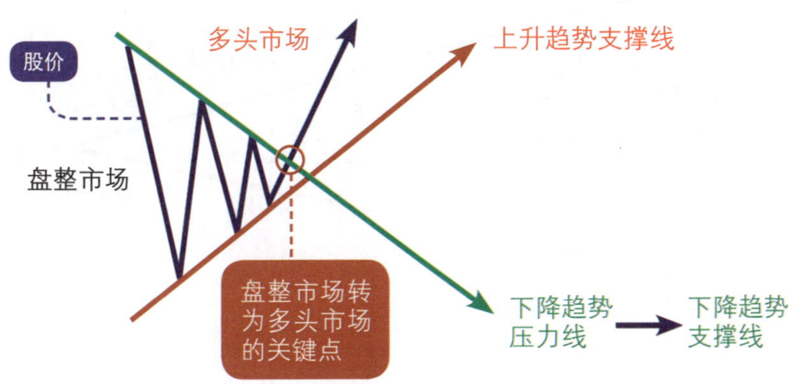

台积电日线图：多头转折点

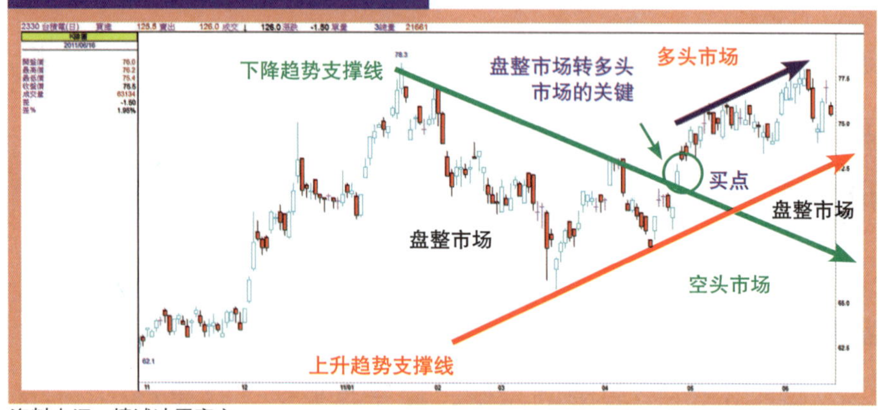

资料来源：精诚速霸赢家

厚生日线图：多头转折点

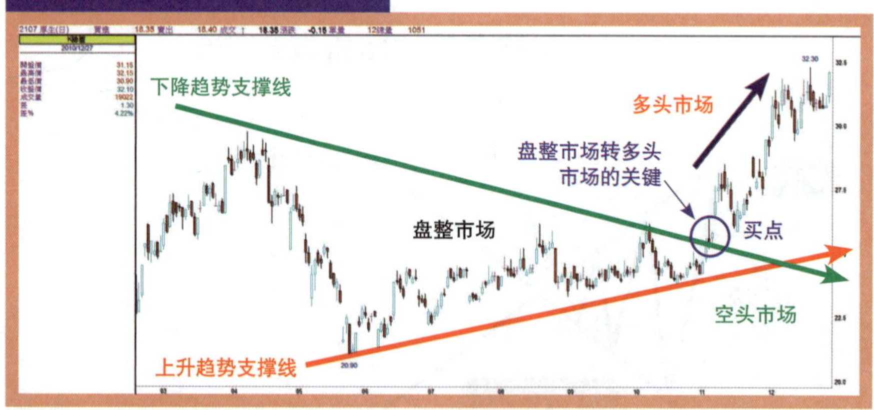

资料来源：精诚速霸赢家

鴻准日线图：多头转折点

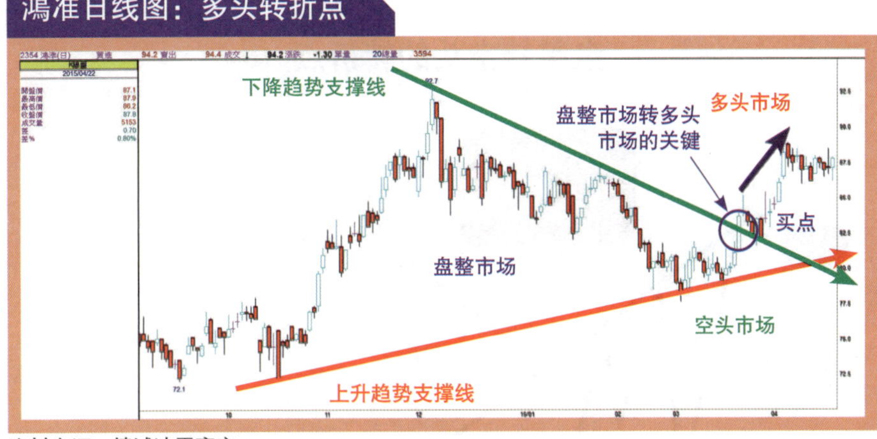

资料来源：精诚速霸赢家

2. 盘整市场转为空头市场

当股价位于X象限的左侧，属于盘整区，此为X象限分析法的分析源头，也是常态模式。一旦股价下跌跌破上升趋势支撑线，是绝佳卖点，此卖点为盘整市场转为空头市场的关键点，表示股价趋势由盘整象限（市场），转为空头象限（市场）。

盘整转空头的转折点

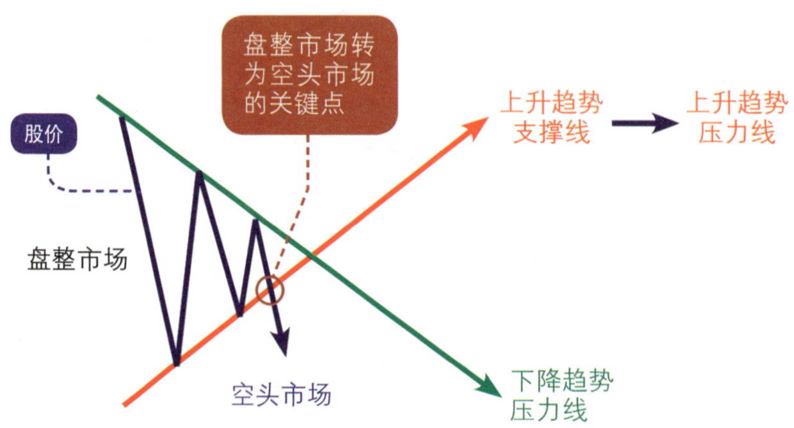

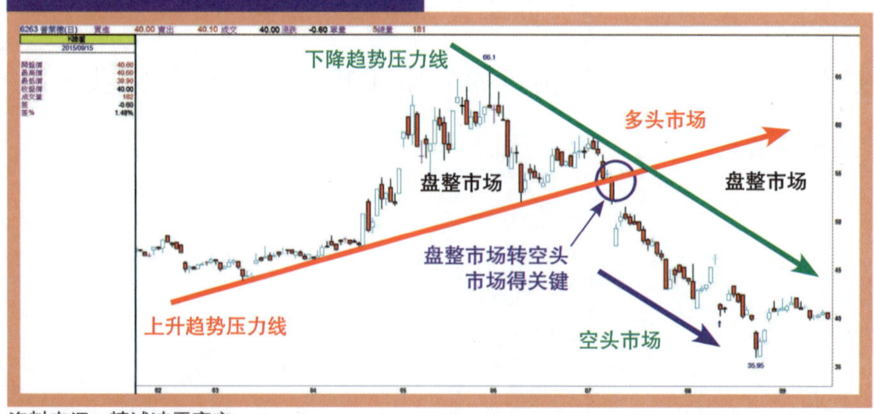

资料来源：精诚速霸赢家

裕日车日线图：空头转折点

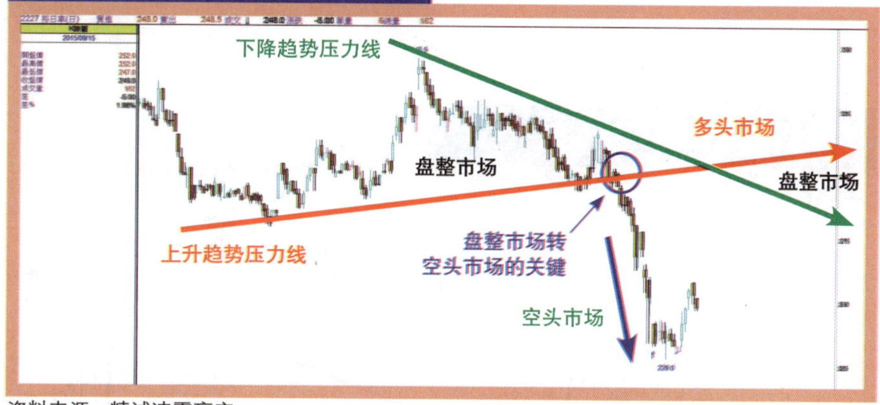

资料来源：精诚速霸赢家

矽品日线图：空头转折点

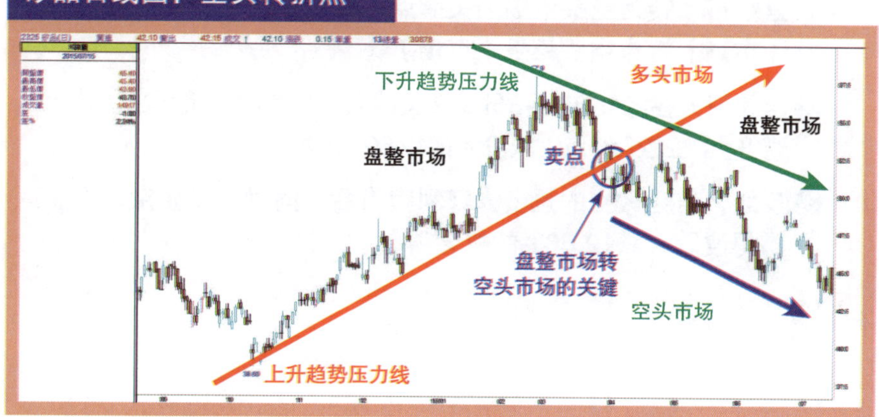

资料来源：精诚速霸赢家

全球股市分析 崩盘前找卖点

1. 道琼工业指数

道琼指数日线图：空头转折点

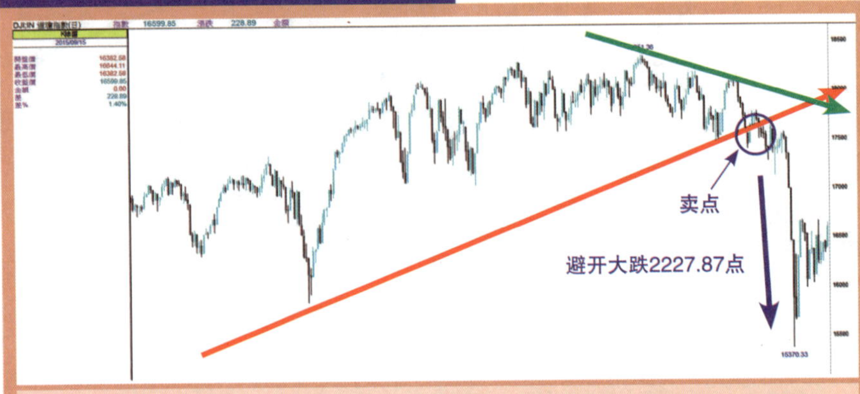

❶一旦股价下跌跌破上升趋势支撑线，是绝佳卖点，此卖点为盘整市场转为空头市场的关键点，表示股价趋势由盘整象限（市场）转为空头象限（市场）。

❷若投资人在2015年8月3日跌破关键点当日的收盘价卖出，就能避开大跌2227.87点，减少亏损12.66%的风险。

❸反之，若会做空的投资人获利卖出后，同时反手做空，便能赚得波段大跌12.66%的机会财。

资料来源：精诚速霸赢家

2. 欧洲指数

欧洲指数日线图：空头转折点

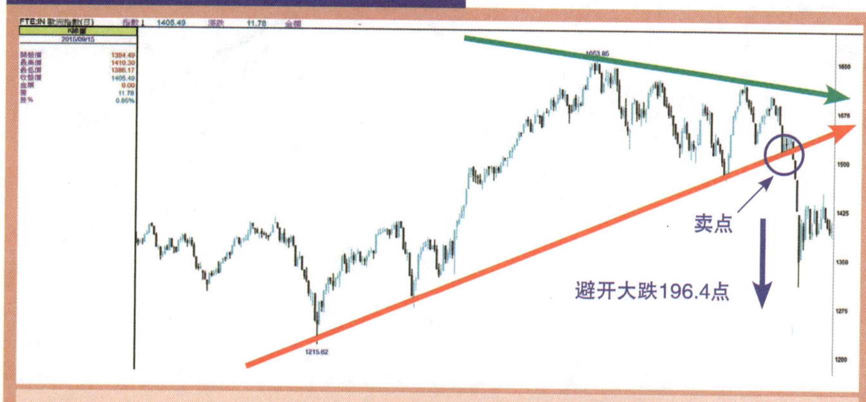

❶ 一旦股价下跌跌破上升趋势支撑线，是绝佳卖点，此卖点为盘整市场转为空头市场的关键点，表示股价趋势由盘整象限（市场）转为空头象限（市场）。

❷ 若投资人在2015年8月19日跌破关键点当日的收盘价卖出，就能避开大跌196.4点，减少亏损13.04%的风险。

❸ 反之，若会做空的投资人获利卖出后，同时反手做空，便能赚得波段大跌13.04%的机会财。

资料来源：精诚速霸赢家

3. 台湾加权指数

台湾加权日线图：空头转折点

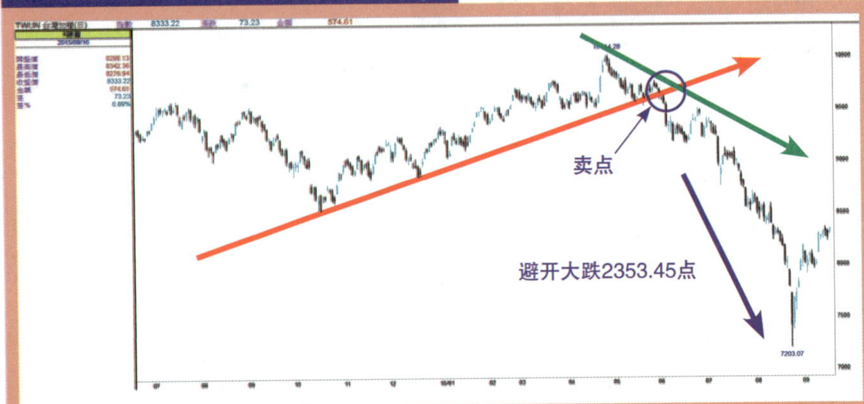

❶一旦股价下跌跌破上升趋势支撑线，是绝佳卖点，此卖点为盘整市场转为空头市场的关键点，表示股价趋势由盘整象限（市场）转为空头象限（市场）。

❷若投资人在2015年6月3日跌破关键点当日的收盘价卖出，就能避开大跌2353.45点，减少亏损24.63%的风险。

❸反之，若会做空的投资人，获利卖出后，同时反手做空，便能赚得波段大跌24.63%的机会财。

资料来源：精诚速霸赢家

Note

2-4

多空指标分析法：轻易掌握多空趋势

多空指标，顾名思义是研判多空趋势的指标，是技术分析众多指标中最简单、实用的指标。

多空指标依时间周期区分为日线、周线和月线。日线图代表短线，为短线操作者使用；周线图代表中线，为中线波段操作者使用；月线图代表长线，为长线操作者使用。多空指标分析法适用于大盘指数，也适用于个股，也适用于全球股市和期货等其他金融商品。

分析师的工作是分析投资标的短期、中期波段和长期趋势的多空方向，只要掌握多空趋势，便能做出正确的投资决策，趋势偏多则偏多操作，逢低买进波段持有；反之，趋势偏空则偏空操作，持股逢高卖出后，反手放空波段持有。

多空指标是研判短中长线多空趋势的最佳指标，读者若能懂得多空指标，就能轻易判断投资标的多空趋势，多空双向都能操作。

多空指标公式

多空指标＝（3MA＋6MA＋12MA＋24MA）÷4

多空指标分析法

- 收盘价＞多空指标＝盘势偏多，持股续抱。
- 收盘价＜多空指标＝盘势偏空，持股卖出。

日线图

- 收盘价＞多空指标＝短线盘势偏多，持股续抱。
- 收盘价＜多空指标＝短线盘势偏空，持股卖出。

周线图

- 收盘价＞多空指标＝中线（波段）盘势偏多，持股续抱。
- 收盘价＜多空指标＝中线（波段）盘势偏空，持股卖出。

月线图

- 收盘价＞多空指标＝长线盘势偏多，持股续抱。
- 收盘价＜多空指标＝长线盘势偏空，持股卖出。

欧美股市多空指标应用

道琼指数 2015/09/01收盘指数16058.35点

①日线图 收盘价16058.35点＜多空指标16605.08点＝－546.73点，表示短线盘势偏空，持股宜卖出观望。

跌破日线图多空指标，表示短线盘势由多翻空，收盘价小于多空指标546.73点，表示空方趋势略胜一筹，短线空头有546.73点的本钱，若隔天收盘指数未能大涨547点以上，则短线偏空趋势不变，任何上涨都属于跌深反弹。

道琼日线图：短线偏空

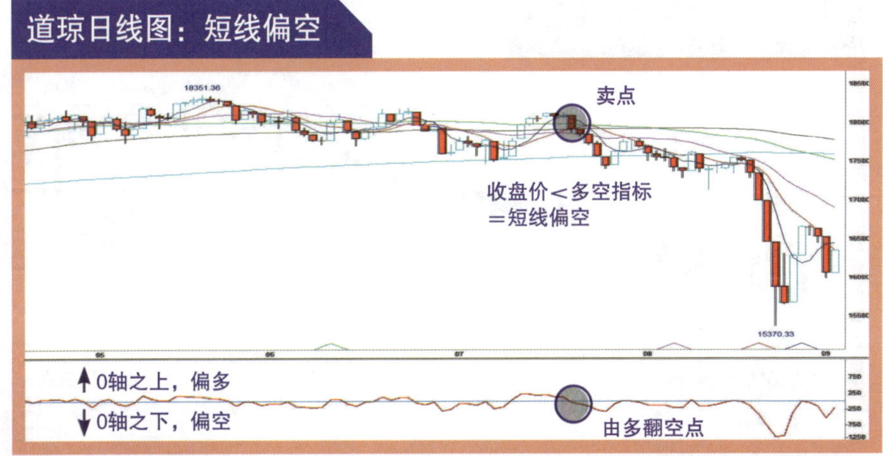

资料来源：精诚速霸赢家

②周线图 收盘价16058.35点＜多空指标17108.77点＝－1050.42点，表示中线盘势偏空，持股宜卖出观望。

跌破周线图多空指标，表示中线盘势由多翻空，收盘价小于多空指标1050.42点，表示空方趋势略胜一筹，中线空头有1050.42点的本钱，若隔周收盘指数未能大涨1051点以上，则中线偏空趋势不变，任何上涨都属于跌深反弹。

道琼周线图：中线偏空

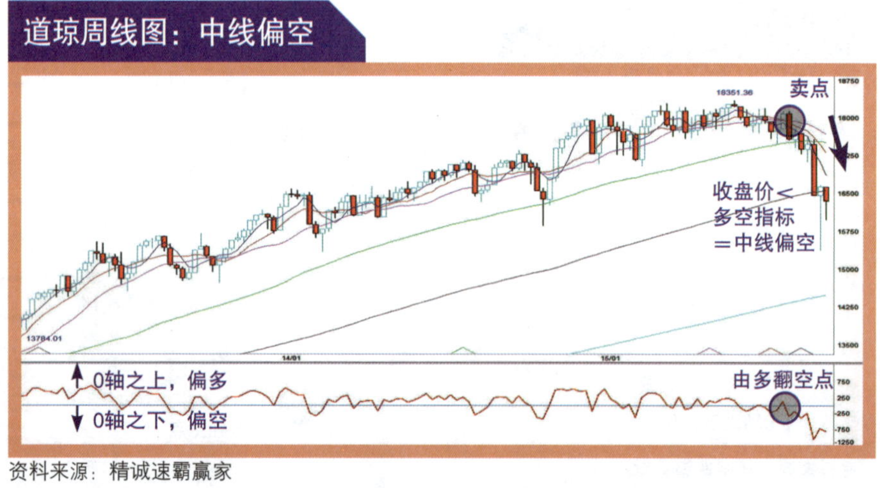

资料来源：精诚速霸赢家

③月线图 收盘价16058.35点＜多空指标17128.14点＝－1069.79点，表示长线盘势偏空，持股宜卖出观望。

跌破月线图多空指标，表示长线盘势由多翻空，收盘价小于多空指标1069.79点，表示空方趋势略胜一筹，长线空头有1069.79点的本钱，若隔月收盘指数未能大涨1070点以上，则长线偏空趋势不变，任何上涨都属于跌深反弹。

道琼月线图：长线偏空

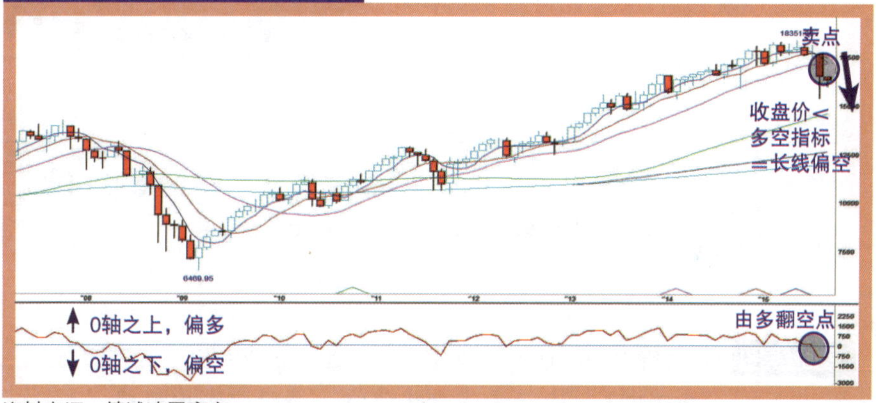

资料来源：精诚速霸赢家

纳斯达克指数 2015/09/01收盘指数4636.10点

①日线图 收盘价4636.10点＜多空指标4797.43点＝
−161.33点，表示短线盘势偏空，持股宜卖出观望。

跌破日线图多空指标，表示短线盘势由多翻空，收盘价小于多空指标161.33点，表示空方趋势略胜一筹，短线空头有161.33点的本钱，若隔天收盘指数未能大涨161.4点以上，则短线偏空趋势不变，任何上涨都属于跌深反弹。

纳斯达克日线图：短线偏空

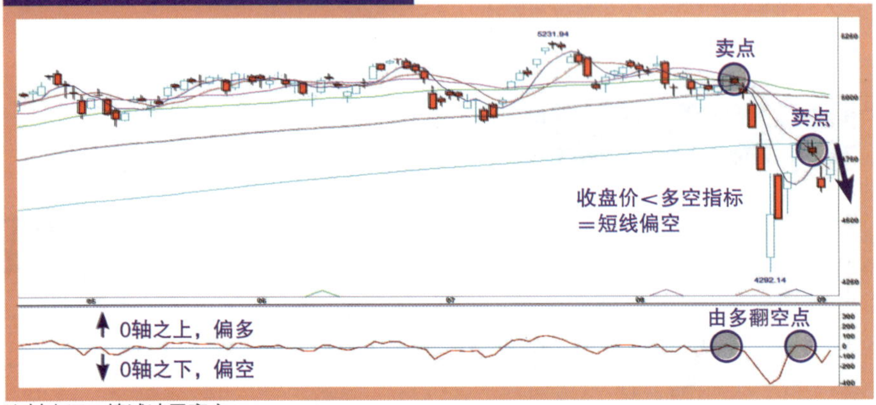

卖点
卖点
收盘价＜多空指标
＝短线偏空
0轴之上，偏多
0轴之下，偏空
由多翻空点

资料来源：精诚速霸赢家

②周线图 收盘价4636.10点＜多空指标4903.55点＝－267.45点，表示中线盘势偏空，持股宜卖出观望。

跌破周线图多空指标，表示中线盘势由多翻空，收盘价小于多空指标267.45点，表示空方趋势略胜一筹，中线空头有267.45点的本钱，若隔周收盘指数未能大涨267.5点以上，则中线偏空趋势不变，任何上涨都属于跌深反弹。

纳斯达克周线图：中线偏空

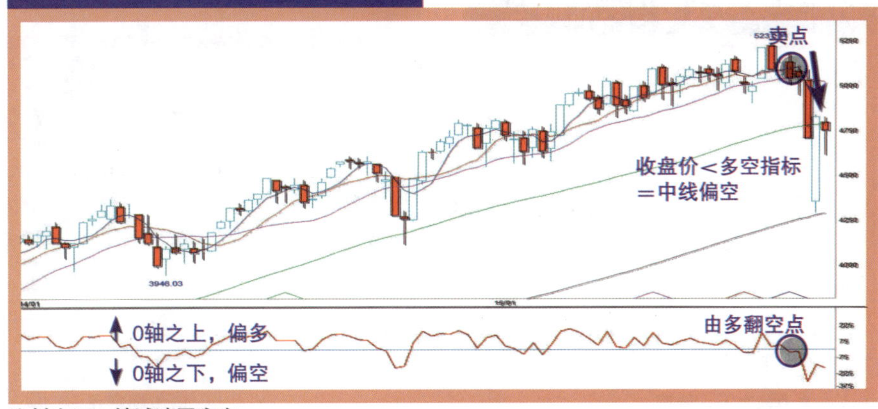

资料来源：精诚速霸赢家

③月线图 收盘价4636.10点＜多空指标4792.21点＝—156.11点，表示长线盘势偏空，持股宜卖出观望。

跌破月线图多空指标，表示长线盘势由多翻空，收盘价小于多空指标156.11点，表示空方趋势略胜一筹，长线空头有156.11点的本钱，若隔月收盘指数未能大涨156.2点以上，则长线偏空趋势不变，任何上涨都属于跌深反弹。

纳斯达克月线图：长线偏空

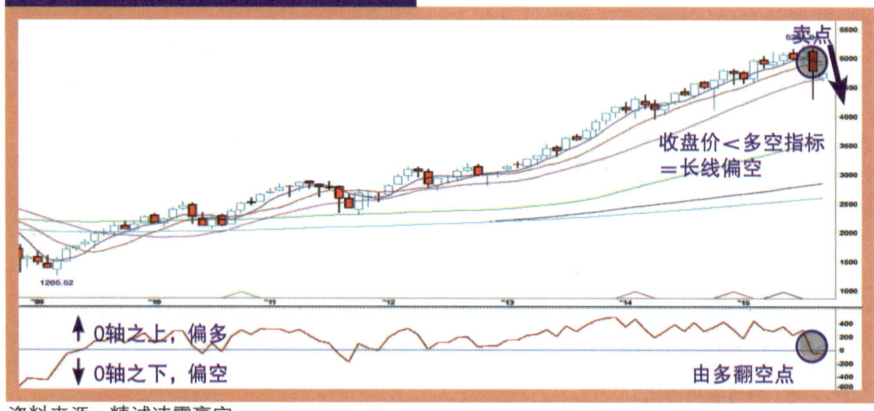

资料来源：精诚速霸赢家

德国DAX指数 2015/09/01收盘指数10015.57点

①日线图 收盘价10015.57点＜多空指标10374.19点＝—358.62点，表示短线盘势偏空，持股宜卖出观望。

跌破日线图多空指标，表示短线盘势由多翻空，收盘价小于多空指标358.62点，表示空方趋势略胜一筹，短线空头有358.62点的本钱，若隔天收盘指数未能大涨358.7点以上，则短线偏空趋势不变，任何上涨都属于跌深反弹。

德国DAX日线图：短线偏空

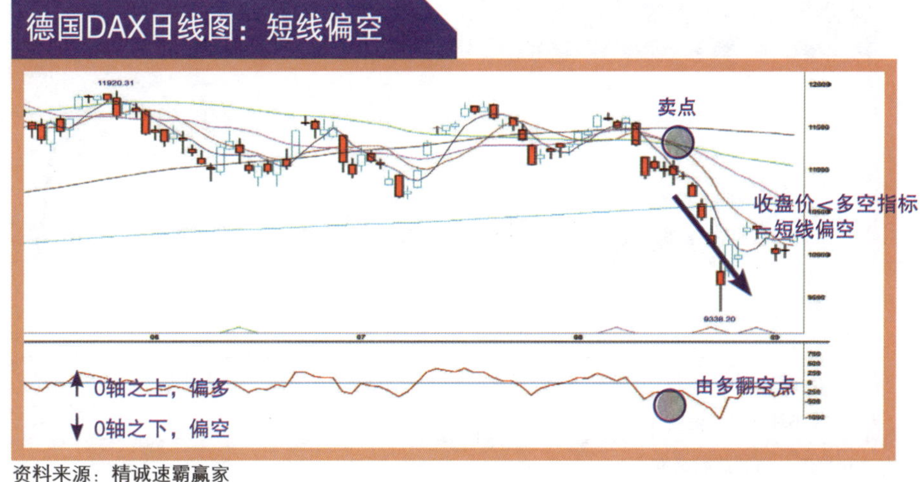

资料来源：精诚速霸赢家

②周线图 收盘价10015.57点＜多空指标10800点＝—784.43点，表示中线盘势偏空，持股宜卖出观望。

跌破周线图多空指标，表示中线盘势由多翻空，收盘价小于多空指标10800点，表示空方趋势略胜一筹，中线空头有784.43点的本钱，若隔周收盘指数未能大涨785点以上，则中线偏空趋势不变，任何上涨都属于跌深反弹。

德国DAX周线图：中线偏空

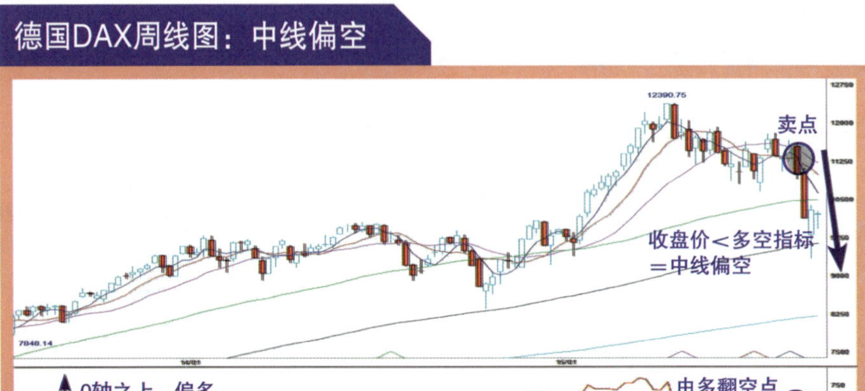

资料来源：精诚速霸赢家

③月线图 收盘价10015.57点＜多空指标10565.17点＝—549.60点，表示长线盘势偏空，持股宜卖出观望。

跌破月线图多空指标，表示长线盘势由多翻空，收盘价小于多空指标549.60点，表示空方趋势略胜一筹，长线空头有549.60点的本钱，若隔月收盘指数未能大涨550点以上，则长线偏空趋势不变，任何上涨都属于跌深反弹。

德国DAX月线图：长线偏空

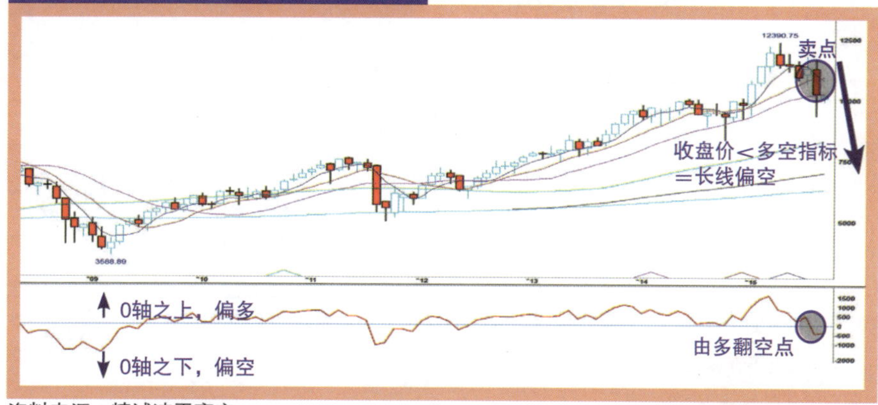

资料来源：精诚速霸赢家

台股多空指标应用

加权指数 2015/09/01收盘指数8095.95点

①日线图 收盘价8095.95点＞多空指标8030.25点＝＋65.70点短线盘势偏多，持股续抱。

突破日线图多空指标，表示短线盘势由空翻多，收盘价大于多空指标65.70点，表示多方趋势略胜一筹，短线多头有65.70点的本钱，若隔天收盘指数未大跌66点以上，则短线偏多趋势不变。

加权指数日线图：短线偏多

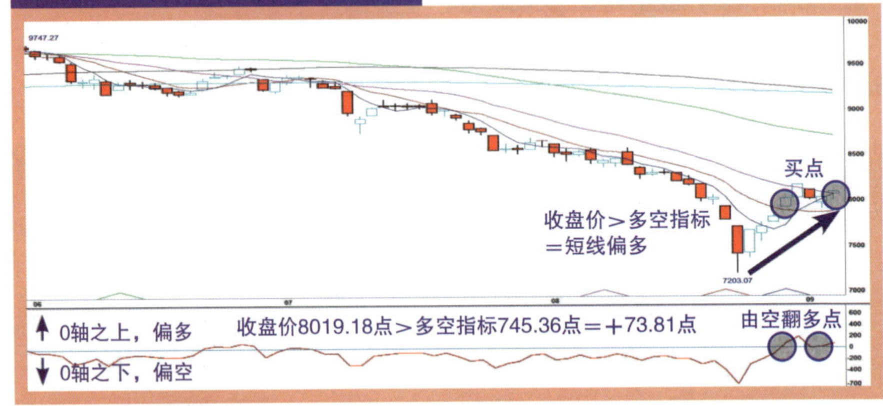

资料来源：精诚速霸赢家

②周线图 收盘价8095.95点＜多空指标8500.04点＝−404.09点，表示中线盘势偏空，持股宜卖出观望。

跌破周线图多空指标，表示中线盘势由多翻空，收盘价小于多空指标404.09点，表示空方趋势略胜一筹，中线空头有404.09点的本钱，若隔周收盘指数未能大涨405点以上，则中线偏空趋势不变，任何上涨都属于跌深反弹。

加权指数周线图：中线偏空

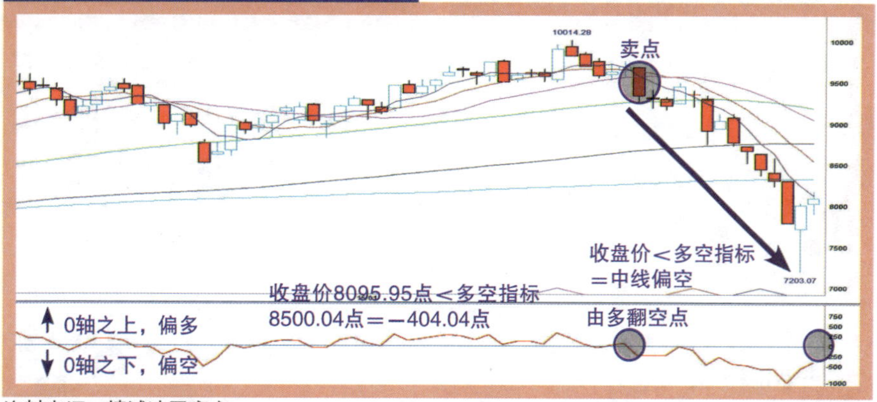

资料来源：精诚速霸赢家

③月线图 收盘价8095.95点＜多空指标8859.06点＝－763.11点，表示长线盘势偏空，持股宜卖出观望。

跌破月线图多空指标，表示长线盘势由多翻空，收盘价小于多空指标763.11点，表示空方趋势略胜一筹，长线空头有763.11点的本钱，若隔月收盘指数未能大涨764点以上，则长线偏空趋势不变，任何上涨都属于跌深反弹。

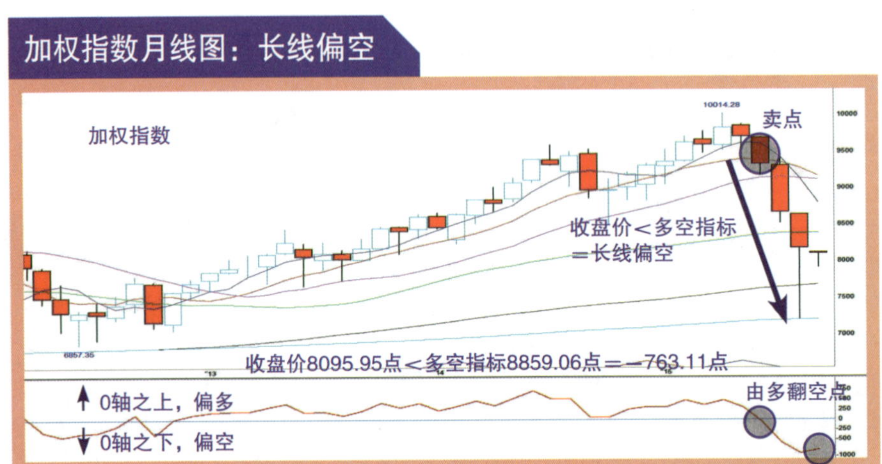

柜台指数 2015/09/03收盘指数110.73点

①日线图 收盘价110.73点＞多空指标108.85点＝＋1.88点短线盘势偏多，持股续抱。

突破日线图多空指标，表示短线盘势由空翻多，收盘价大于多空指标1.88点，表示多方趋势略胜一筹，短线多头有1.88点的本钱，若隔天收盘指数未大跌1.9点以上，则短线偏多趋势不变。

柜台指数日线图：短线偏多

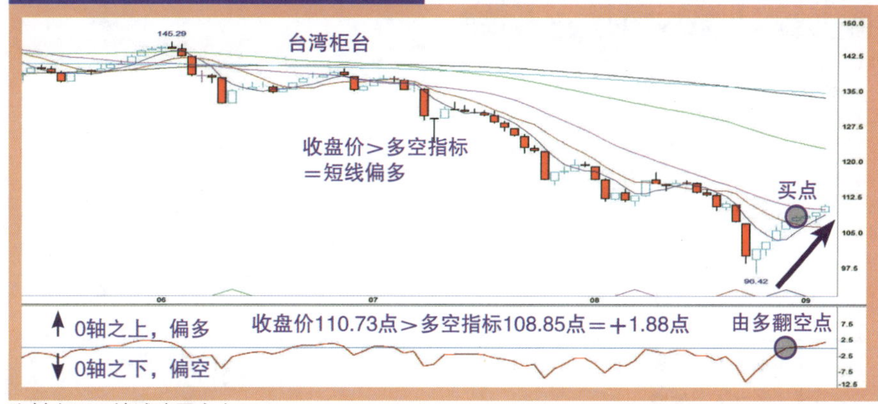

资料来源：精诚速霸赢家

②周线图 收盘价110.73点＜多空指标118.74点＝－8.01点，表示中线盘势偏空，持股宜卖出观望。

跌破周线图多空指标，表示中线盘势由多翻空，收盘价小于多空指标8.01点，表示空方趋势略胜一筹，中线空头有8.01点的本钱，若隔周收盘指数未能大涨8.02点以上，则中线偏空趋势不变，任何上涨都属于跌深反弹。

柜台指数周线图：中线偏空

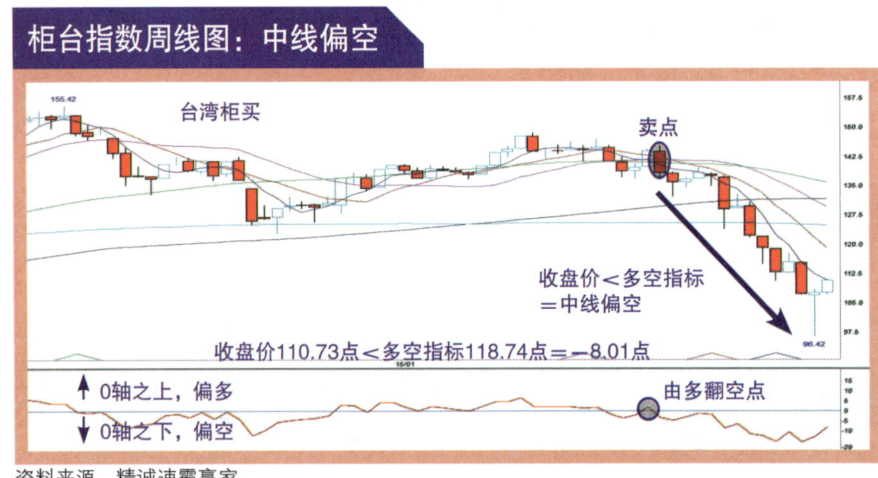

资料来源：精诚速霸赢家

③月线图 收盘价110.73点＜多空指标126.82点＝－16.09点，表示长线盘势偏空，持股宜卖出观望。

跌破月线图多空指标，表示长线盘势由多翻空，收盘价小于多空指标16.09点，表示空方趋势略胜一筹，长线空头有16.09点的本钱，若隔月收盘指数未能大涨16.1点以上，则长线偏空趋势不变，任何上涨都属于跌深反弹。

柜台指数月线图：长线偏空

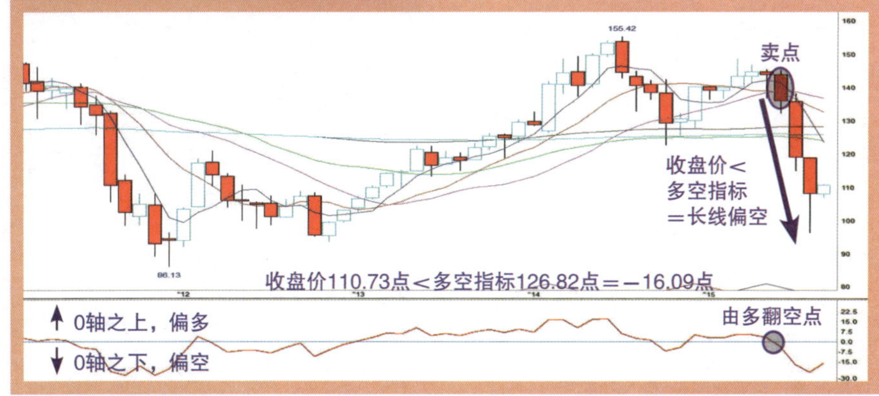

资料来源：精诚速霸赢家

台积电 2015/09/03收盘价127元

①日线图 收盘价127元＞多空指标125.59元＝+1.41元短线盘势偏多，持股续抱。

突破日线图多空指标，表示短线盘势由空翻多，收盘价大于多空指标1.41元，表示多方趋势略胜一筹，短线多头有1.41元的本钱，若隔天收盘指数未大跌1.5元以上，则短线偏多趋势不变。

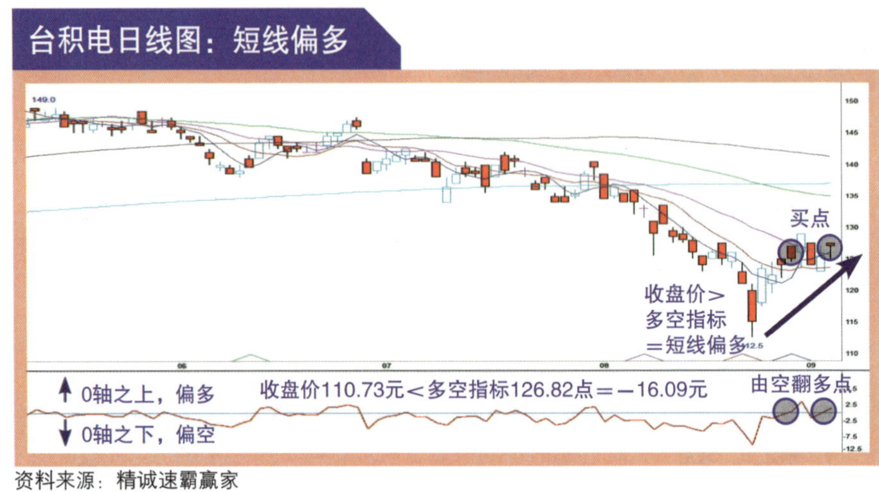

资料来源：精诚速霸赢家

②周线图 收盘价127元＜多空指标131.92元＝－4.92元，表示中线盘势偏空，持股宜卖出观望。

跌破周线图多空指标，表示中线盘势由多翻空，收盘价小于多空指标4.92元，表示空方趋势略胜一筹，中线空头有4.92元的本钱，若隔周收盘指数未能大涨5元以上，则中线偏空趋势不变，任何上涨都属于跌深反弹。

③月线图 收盘价127元＜多空指标134.35元＝－7.35元，表示长线盘势偏空，持股宜卖出观望。

跌破月线图多空指标，表示长线盘势由多翻空，收盘价小于多空指标7.35元，表示空方趋势略胜一筹，长线空头有7.35元的本钱，若隔月收盘指数未能大涨7.4元以上，则长线偏空趋势不变，任何上涨都属于跌深反弹。

台积电周线图：中线偏空

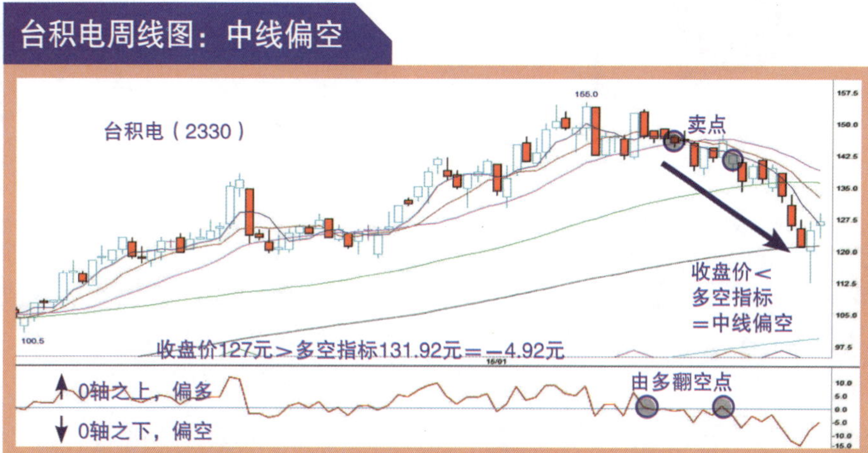

资料来源：精诚速霸赢家

台积电月线图：长线偏空

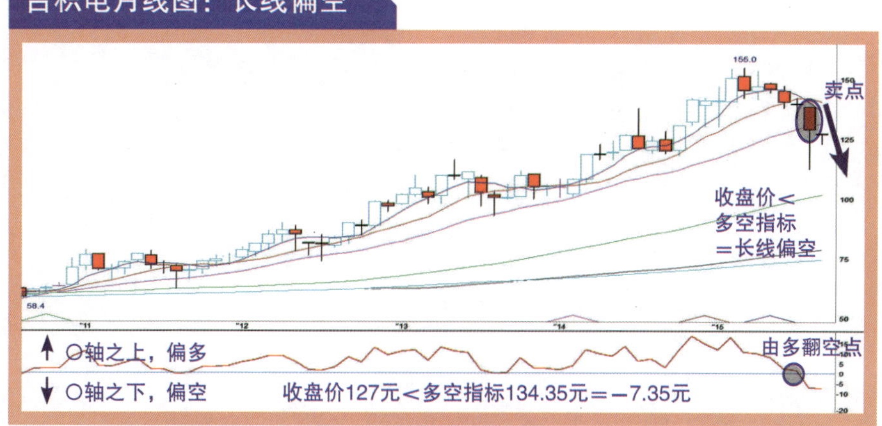

资料来源：精诚速霸赢家

Note

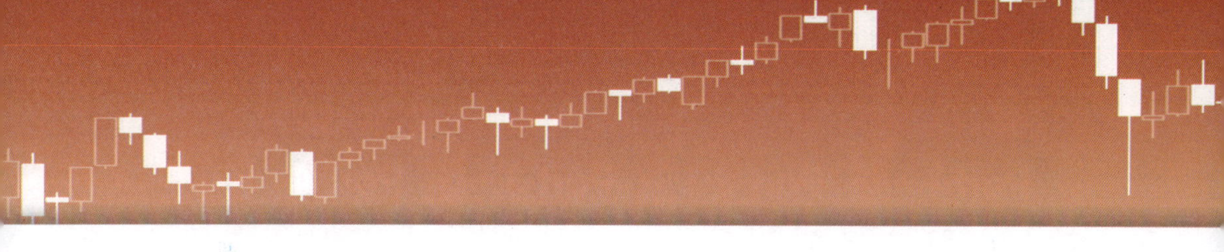

2-5

MACD指标分析法：研判多空和涨跌

指数平滑异同移动平均线（Moving Average Convergence / Divergence,，简称MACD）是金融市场交易中最常见的技术分析指标，由艾培尔（Gerald Appel）于1970年代提出，用于研判金融商品价格变化的强度、方向、能量和趋势周期，提供金融商品的买进和卖出时机。

MACD指标依时间周期区分为日线、周线和月线。日线图代表短线，为短线操作者使用；周线图代表中线，为中线波段操作者使用；月线图表长线，为长线操作者使用。MACD指标分析法适用于大盘指数，也适用于个股；不仅适用于股市，亦适用于期货等其他金融商品。

MACD指标几乎所有投资人都认识它、使用它，但是运用之妙在于经验，我运用MACD指标实战超过20年，运用在全球股市、期货市场、类股和个股的投资上，期间经历过多头市场、盘整市场和空头市场，包括1989年中国台湾地区和日本股市泡沫、1997亚洲金融风暴、2000年互联网泡沫、2007～2008年美国次级房贷金融风暴等。经过多年实战的验证，我对MACD指标有独到见解，愿分享给读者们。

MACD指标运用3步骤

MACD指标的运用应遵循以下3步骤。

步骤① 先看DIF和MACD两条线

若DIF和MACD两条线位于0（零）轴之上，表示投资标的处于多头市场。

大盘日线图：多头市场

资料来源：精诚速霸赢家

若DIF和MACD两条线是位于0轴之下，表示投资标的处于空头市场。

晶电日线图：空头市场

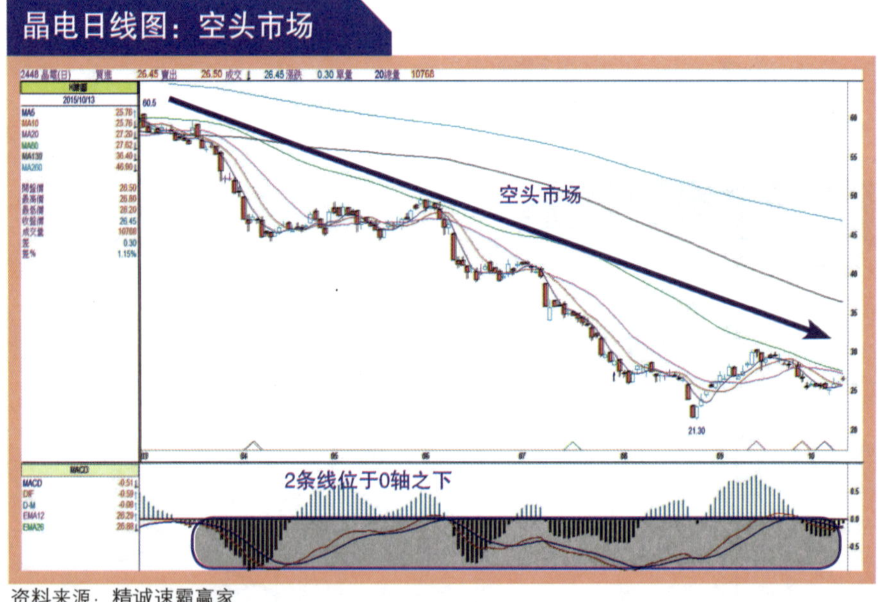

资料来源：精诚速霸赢家

步骤❷ 次看MACD指标的柱状图

若MACD指标的柱状图位于0轴之上，表示投资标的处于上涨趋势。

宏达电日线图：上涨趋势

资料来源：精诚速霸赢家

若MACD指标的柱状图位于0轴之下，表示投资标的处于下跌趋势。

儒鴻日线图：下跌趋势

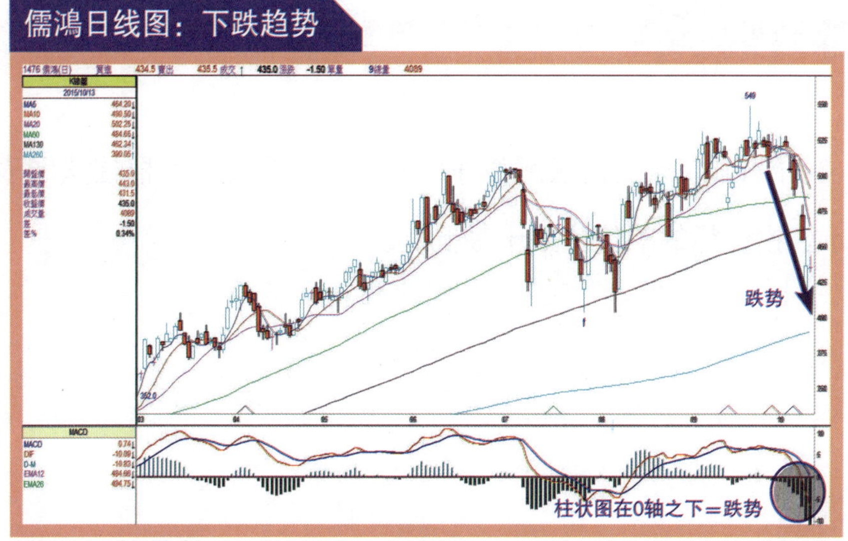

资料来源：精诚速霸赢家

MACD指标的柱状图位于0轴之上，最长的那根柱状图表示，投资标的的价位处于最高点。

大盘日线图：价位处于高点

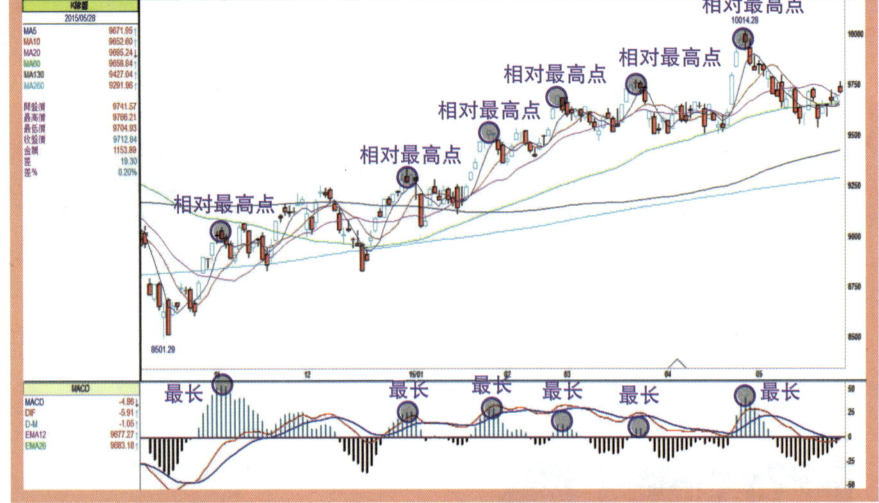

资料来源：精诚速霸赢家

MACD指标的柱状图位于0轴之下，最长的那根柱状图表示，投资标的的价位处于最低点。

大盘周线图：价位处于低点

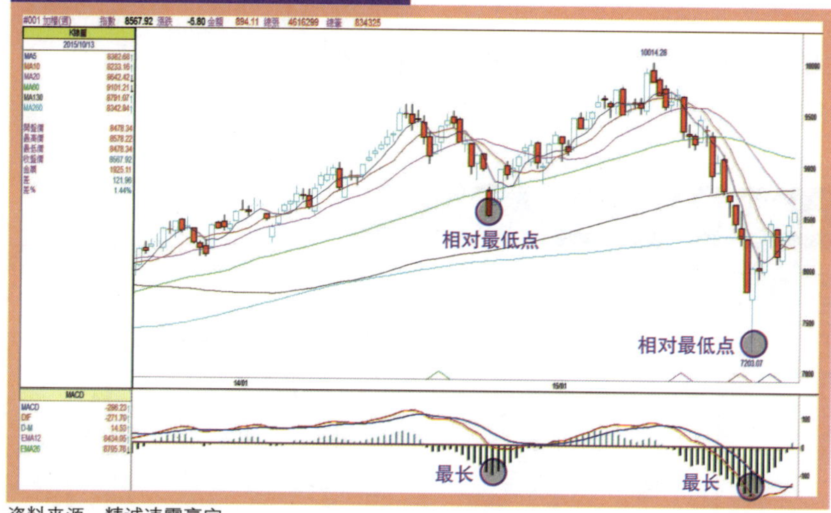

资料来源：精诚速霸赢家

步骤③ 最后看MACD指标的黄金交叉和死亡交叉

当DIF由下往上穿越MACD，称为黄金交叉买点。

大盘周线图：黄金交叉买点

资料来源：精诚速霸赢家

出现黄金交叉买点的同时，柱状图由0轴之下翻到0轴之上的第1根，表示跌势结束、涨势开始。

大盘周线图：跌势结束、涨势开始

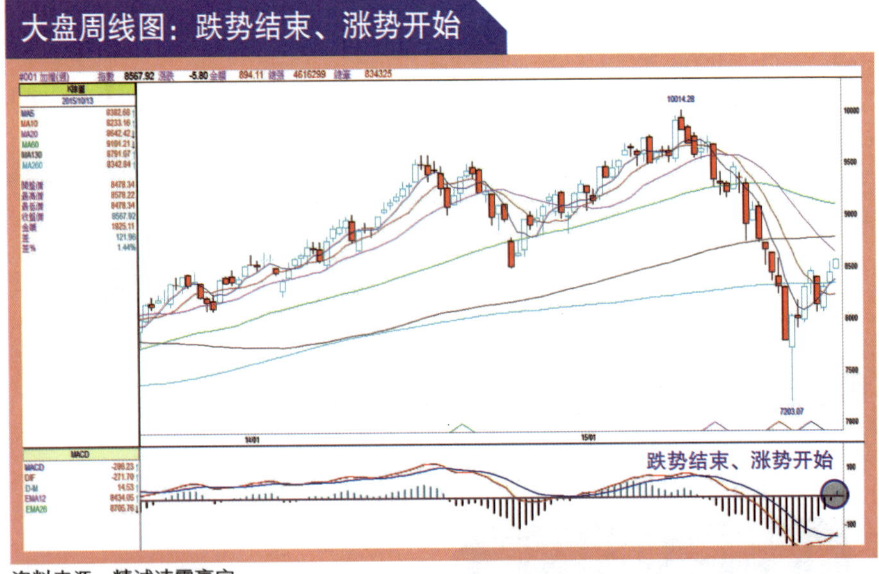

资料来源：精诚速霸赢家

当DIF由上往下跌破MACD，称为死亡交叉卖点。

大立光周线图：死亡交叉卖点

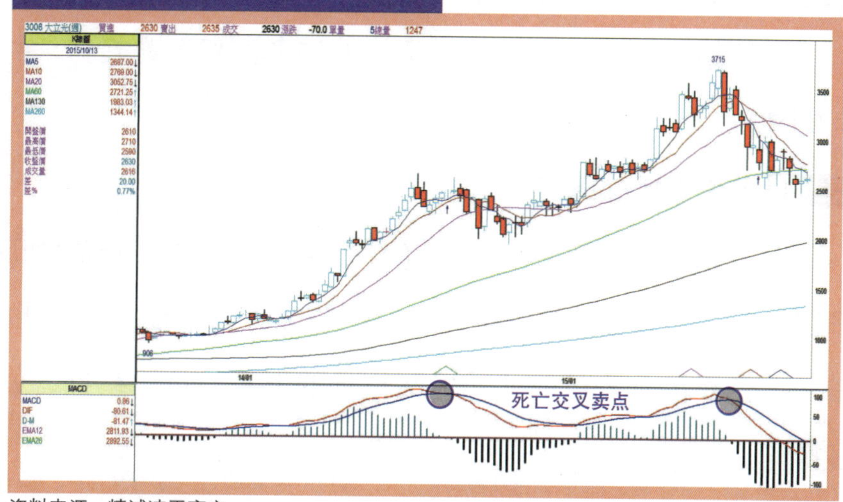

资料来源：精诚速霸赢家

出现“死亡交叉”卖点的同时，柱状图由0轴之上翻到0轴之下的第1根，表示涨势结束、跌势开始。

大立光周线图：涨势结束、跌势开始

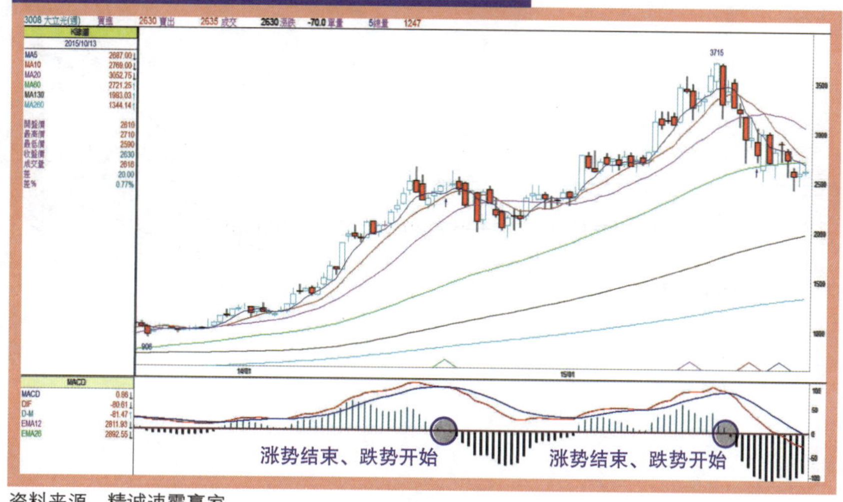

资料来源：精诚速霸赢家

运用MACD研判多空4模式

MACD指标可以用来研判投资标的的多空和涨跌趋势，共有4个模式。

模式① 多头市场的涨势

MACD指标分析法可以一目了然直觉式地知道现在盘势的多空状态：当DIF和MACD两条线位于0轴之上，且柱状图位于0轴之上，表示盘势目前处于多头市场的涨势，持股续抱、偏多操作。

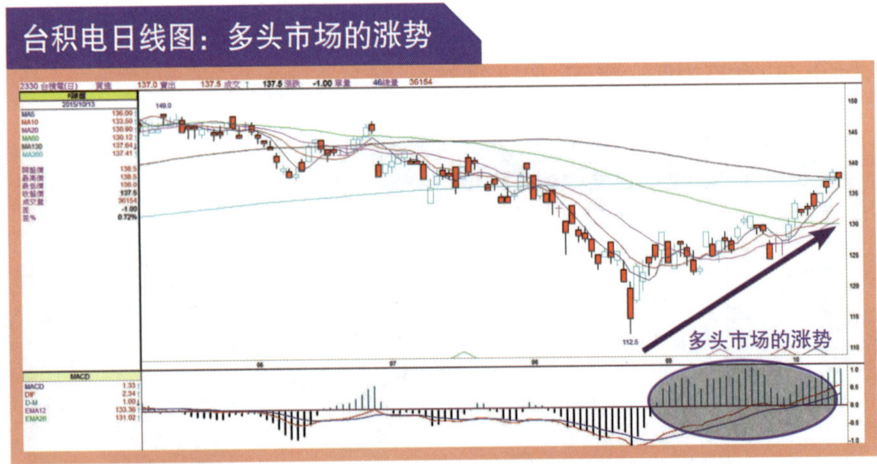

台积电日线图：多头市场的涨势

资料来源：精诚速霸赢家

模式② 多头市场的跌势

MACD指标分析法可以一目了然直觉式地知道现在盘势的多空状态：当DIF和MACD两条线位于0轴之上，但是柱状图位于0轴之下，表示盘势目前处于多头市场的跌势，也就是处于涨多拉回修正阶段，持股减码、观望操作。

大盘月线图：多头市场的跌势

资料来源：精诚速霸赢家

模式③ 空头市场的跌势

MACD指标分析法可以一目了然直觉式地知道现在盘势的多空状态：当DIF和MACD两条线位于0轴之下，且柱状图亦位于0轴之下，表示盘势目前处于空头市场的跌势，持股宜卖出观望，或空单续抱、偏空操作。

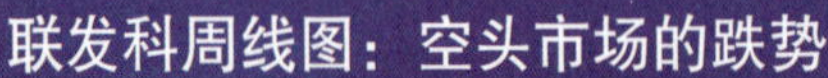

资料来源：精诚速霸赢家

模式④ 空头市场的涨势

MACD指标分析法可以一目了然直觉式地知道现在盘势的多空状态：当DIF和MACD两条线位于0轴之下，但是柱状图位于0轴之上，表示盘势目前处于空头市场的涨势，也就是处于跌深反弹阶段，应持股续抱，套牢者趁反弹逢高减码；抢反弹者待反弹结束时，获利了结、卖出观望。

台积电周线图：空头市场的涨势

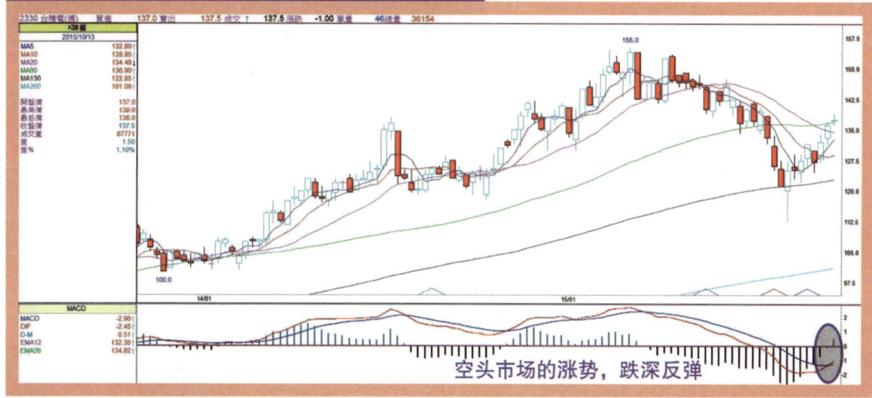

资料来源：精诚速霸赢家

Part 3

1张表格判断多空

凭借自创的“法人筹码分析统计表”，一张看似简单无趣的纪录表，让我在股市20多年屹立不摇。

3-1

法人筹码分析统计表的妙用

先画出以下这张表格，你也可以至以下网址下载Excel档案：https://goo.gl/1gq6ZV

年 月	法人筹码分析统计表															
1 日期	2 融资（亿元）	3 资增减（亿元）	4 融券（张）	5 券增减（张）	6 外资（亿元）	7 投信（亿元）	8 自营（亿元）	9 收盘指数（点）	10 涨跌（点）	11 成交量（亿元）	12 外资期货（口）	13 外资未平仓（口）	14 外资选择权（口）	15 外资未平仓（口）	16 自营商选择权（口）	17 自营商未平仓（口）

1张表格为什么可以判断多空?

我每天一笔笔地纪录数据，超过10年之久，就像写股市日记一样，10多年不曾中断，其间经历过多头市场、盘整市场和空头市场。经过10多年的股市实证，这张无价之宝的表格，发挥极大的效用。

在股市还未大涨之前，从表格的纪录中，可以发现起涨信号的蛛丝马迹；反之，当股价由多翻空或崩跌前，这张奇妙的纪录表，也会透露出起跌信号的蛛丝马迹，让我在股市屹立20多年，从未套牢在头部区。

这一张看似简单无趣的纪录表，里面其实藏著等待伯乐发掘的金脉，如宋真宗《劝学诗》云："富家不用买良田，书中自有千钟粟；安房不用架高堂，书中自有黄金屋；娶妻莫恨无良媒，书中自有颜如玉；出门莫恨无人随，书中车马多如簇；男儿欲遂平生志，六经勤向窗前读。"

这张奇妙的纪录表，我把它命名为"法人筹码分析统计表"，用它可以研判盘势的多空，包含以下7种研判分析法：

❶ 资券关系分析法

资券关系可分为8种模式，4种多头市场模式和4种空头市场模式。从栏位2～5和10可以统计出每天资券关系的变

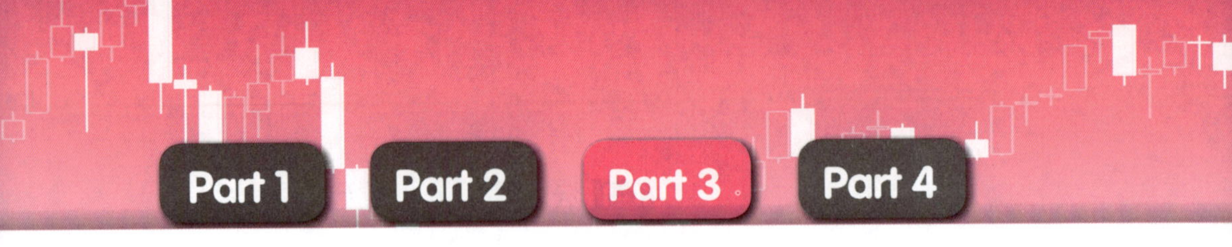

化，并呈现出多头或空头模式。每天纪录，每周研判1次，若呈现多头模式则偏多操作，反之，若呈现空头模式则偏空操作。

❷ 筹码面分析法

每天纪录三大法人（外资、投信和自营商）的买卖超金额，并观察三大法人是否联袂买超？

法人是以基本面选股波段操作，若是联袂买超，表示三大法人一致看好，股价会有波段行情可期；若是土洋对作，而不是联袂买超，则股价仅是短线上涨或反弹。反之，若是联袂卖超，表示三大法人一致看坏，股价恐会有波段下跌走势；若是土洋对作，而不是联袂卖超，则股价仅是短线走跌或拉回修正。

从栏位6～8可以统计出三大法人每天的买卖超金额变化，每天纪录，每周研判1次，若呈现联袂买超模式则偏多操作，反之，若呈现联袂卖超模式则偏空操作。

❸ 法人盘 vs 散户盘多空分析法

每天纪录三大法人（外资、投信和自营商）的买卖超金额，以及融资余额的增减金额，并观察三大法人是否联袂买超或合计买超，而融资余额却持续减少？

三大法人买进而融资散户卖出，我称其为“法人盘”；三大法人联袂卖超或合计卖超，而融资余额却持续增加，也就是三大法人卖出而融资散户买进，我称其为“散户盘”。

从栏位3和6～8可以统计出每天融资余额的增减金额，以及三大法人的买卖超金额变化。每天纪录，每周研判1次，若呈现“法人盘”模式则偏多操作，反之，若呈现“散户盘”模式则偏空操作。

④ 量价关系分析法

量价关系分为4种模式，2种多头市场模式和2种空头市场模式。多头市场模式为“价涨量增”和“价跌量缩”；空头市场模式为“价涨量缩”和“价跌量增”。

从栏位9～11可以统计出每天量价关系的涨跌变化，每天纪录，每周研判1次，若呈现“多头市场”模式则偏多操作，反之，若呈现“空头市场”模式则偏空操作。

⑤ 融资 vs 大盘多空分析法

从融资余额的增减幅度（百分比）和大盘指数的涨跌幅度比较，可以产生4种研判盘势多空的经验法则：

法则① 盘势上涨时，若融资余额的增加幅度＜大盘指数的上涨幅度，表示散户还未积极进场买进，筹码面属于沉淀状态，股价还会续涨。

法则② 盘势上涨时，若融资余额的增加幅度>大盘指数的上涨幅度，表示散户都积极（疯狂）追价买进，筹码面属于凌乱状态，股价涨势恐将结束，酝酿拉回修正。

法则③ 盘势下跌时，若融资余额的减少幅度<大盘指数的下跌幅度，表示散户还未认赔（断头）卖出，筹码面属于凌乱状态，股价恐将形成一波融资多杀多的急跌走势。

法则④ 盘势下跌时，若融资余额的减少幅度>大盘指数的下跌幅度，表示散户大都认赔（断头）卖出，筹码面属于沉淀状态，股价酝酿展开一波跌深反弹或回升行情。

从栏位2～3和9～10可以统计出每天融资余额的增减幅度，以及大盘指数的涨跌幅度的变化。每天纪录，每周研判，若盘势上涨、呈现法则1，以及盘势下跌、呈现法则4，则偏多操作；反之，若盘势上涨、呈现法则2，以及盘势下跌、呈现法则3，则偏空操作。

⑥ 平均成本分析法

将每天的收盘指数相加再除以5，等于最近一周的平均成本；除以8，等于最近8天的平均成本；除以22，约等于最近一个月的平均成本；依此类推，可计算不同时间的平均成本。

计算平均成本有什么作用？股价上涨时，股价大于平均成本，当股价涨多拉回修正时，平均成本就会形成支撑；反之，股价下跌时，股价小于平均成本，当股价跌深反弹时，平均成本就会形成压力。

从栏位9可以统计出每天的收盘价变化，每天纪录，每周研判1次，若股价位于平均成本之上，则偏多操作；反之，若股价位于平均成本之下，则偏空操作。

⑦ 期权关系分析法

期货和选择权是股市的领先指标，实务上，期货市场看外资脸色，选择权则看自营商脸色，外资期货买卖超决定期货的涨跌方向，自营商选择权的买卖超决定选择权的多空方向。

当外资在期货市场的每日买卖情形为买超，且未平仓口数为正数，表示外资对盘势看涨偏多，若外资在现货市场亦同步买超且连续买超，则更确立盘势上涨的方向；反之，若外资在期货市场的每日买卖情形为卖超，且未平仓口数为负数，表示外资对盘势看跌偏空，若外资在现货市场亦同步卖超且连续卖超，则更确立盘势下跌的方向。

从栏位6和12~13可以统计出外资在现货和期货市场的每天买卖超变化，每天纪录，每周研判1次，若外资在期货市场的未平仓口数为正数，且现货亦连续买超时，则偏多操作，反之，若外资在期货市场的未平仓口数为负数，且现货亦连续卖超时，则偏空操作。

法人筹码分析统计表的内容

左上角的“年和月”栏位填入年份和月份，一张表格可供一个月使用。

第1栏“日期”：
输入每天的日期。

第2栏“融资”：
输入每天的大盘融资余额（亿元）。

第3栏“资增减”：
输入每天的大盘融资增减金额（亿元）。

第4栏“融券”：
输入每天的大盘融券余额（张数）。

第5栏“券增减”：
输入每天的大盘融券的增减（张数）。

第6栏“外资”：
输入每天的外资买超或卖超的金额（亿元）。

第7栏“投信”：
输入每天的投信买超或卖超的金额（亿元）。

第8栏“自营商”：
输入每天的自营商买超或卖超的金额（亿元）。

第9栏“收盘指数”：

输入每天的大盘收盘指数（点数）。

第10栏“涨跌”：
输入每天的大盘指数上涨或下跌的点数。

第11栏“成交量”：
输入每天大盘的成交金额（亿元）。

第12栏“外资期货”：
输入每天外资在期货市场做多或做空的部位（口数）。

第13栏“外资（期货）未平仓”：
输入每天外资在期货市场的未平仓口数。

第14栏“外资选择权”：

输入每天外资在选择权市场做多或做空的部位（口数）。

第15栏“外资（选择权）未平仓”：
输入每天外资在选择权市场的未平仓口数。

第16栏“自营商选择权”：
输入每天自营商在选择权市场做多或做空的部位（口数）。

第17栏“自营商（选择权）未平仓”：
输入每天自营商在选择权市场的未平仓口数。

学习法人筹码分析统计表

- 资券关系（2~5）的运用，参见〈3-2 资券关系分析法〉的详细说明。
- 筹码面关系（6~8）的运用，参见〈3-3 筹码面分析法〉的详细说明。
- 法人盘与散户盘关系（2和6~8）的运用，参见〈3-4 法人盘vs散户盘多空分析法〉的详细说明。
- 量价关系（10~11）的运用，参见〈3-5 量价关系分析法〉的详细说明。
- 筹码沉淀与安定关系（2~3和9~10）的运用，参见〈3-6 融资vs大盘多空分析法〉的详细说明。
- 平均成本（9）的运用，参见〈3-7 平均成本分析法〉的详细说明。

- 外资股市与期权关系（12～17）的运用，参见〈3-8 期权关系分析法〉的详细说明。

每天只花5分钟记录

每天收盘后，融资融券资料会在傍晚五六点公布，所以读者只要在每天傍晚6点左右，花5分钟填完表格，然后每周研判1次。填完后要养成每天判读（使用）的习惯，持续累积才能达到效果。

法人筹码分析统计表详细纪录1个月的股市重要资讯，其中的数据会说话，可透露出市场的多空变化迹象（例如：资券关系的变化、三大法人的买卖超、量价关系、融资与大盘的多空关联性、法人盘与散户盘的研判、期货与选择权的多空变化等），涨跌趋势一目了然，每天勤奋地花5分钟纪录，持之以恒，大盘涨跌就了然于胸，只要顺势操作，保证不会发生“散户死在山顶上”的憾事。

我每天详细记录法人筹码分析统计表，10多年从来没有发生追高被套牢在头部区（死在山顶上）的憾事，而且每次的股灾都能幸免于难。

我为何这么幸运、这么厉害？其实不是我很厉害，而是“天公疼憨人”，我每天收盘后花5分钟记录每个数据，每周研判1次，即可了解本周是呈现多头或空头，隔周顺势操作，就能立于不败之地，稳中求胜。

我曾经有一段时间很忙而未记录，几周没有记录，就会产生惰性，惰性一来就麻烦了，因为要重新开始记录需要决心，有点类似减肥或戒烟，如果没有非常强的决心和毅力，将无法达成目标。好在，记录表格没有减肥或戒烟那么难。

在那段未记录的堕落期，我在操作时感觉好像蒙着眼睛开车，非常危险。在多空方向不明的状况下，若顺向开车还好，逆向开车就事情大条了，所以在这段期间的操作很不顺利，可见每天花5分钟是多么重要。

股市名言：“机会是留给用功且准备好的人。”在股市中赚到钱的人，都是用功的人，在赚到财富的投资人当中，有人研究基本面，有人研究技术面，有人研究总经面，有人研究筹码面，有人研究程式交易，有人研究政策面，有人研究消息面。不论研究什么，只要持之以恒，必能从中找到赚钱的密码、获利的DNA。

举一个实例，10多年前，有一位小学毕业的散户投资人，他专门研究某一家证券商的买卖进出表，长期追踪之后发现，这家券商买超第一名的股票都会上涨，卖出之后都会下跌。

于是他采取跟单策略，只要这家券商买进第一名的股票就跟单买进，卖出之后也跟单卖出。长期下来，读者猜猜看，这位仅有小学学历的散户投资人，投资结果如何？答案揭晓：他变成了亿万富翁。

想在股市投资赚大钱，没有包打听这么不劳而获的捷径，唯有每天花5分钟做功课且持之以恒。每天只花5分钟，不一定能赚到大钱，但是根据我的经验，绝对不会发生追高被套牢的憾事，正所谓“留得青山在，不怕没柴烧”，股市的常胜军是先保本，稳中求利，之后才是扩大战果，一网打尽大丰收。

法人筹码分析统计表填写流程

统计表中，第2～11栏可以从台湾地区证券交易所取得；第12～17栏从台湾地区期货交易所取得。其中，表格第11栏“成交量”有3个栏位，由左至右分别为：当日成交金额、大于或小于、5日均量（最近5天成交金额的平均数）。

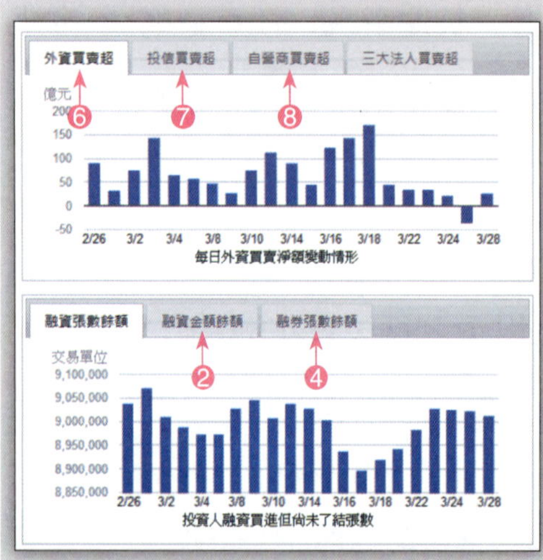

步骤1

至台湾地区证券交易所网站（www.twse.com.tw），在首页正中间，可以查询第2～8栏的数据，依项目点进去即可。

说明：第3、5栏要自己计算（当日扣掉前一天数据，计算增减）

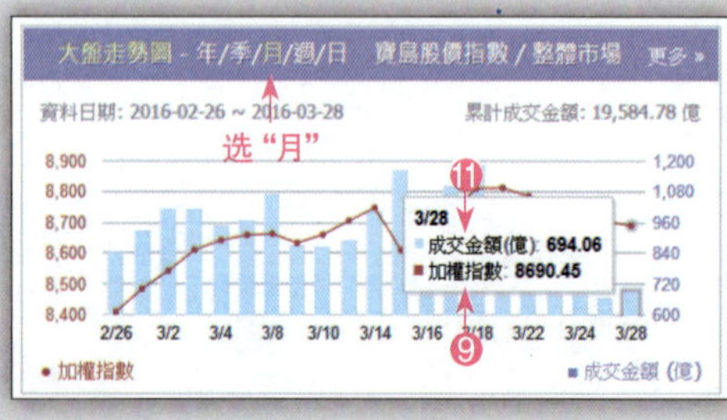

步骤2

在首页最上方，点选“月”会呈现1个月的收盘指数和成交量；点选“周”会呈现1周的数据等。

说明：第10栏要自己计算（当日扣掉前一天数据，计算增减）

步骤3

至台湾地区期货交易所网站（www.taifex.com.tw），取得第12、13栏的数据，依次点选：交易资讯➡三大法人➡区分各期货契约➡依日期，出现一张表格。

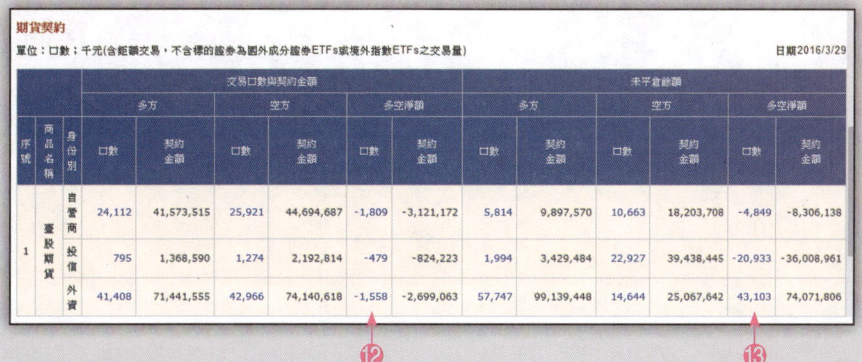

期貨契約

單位：口數；千元(含鉅額交易，不含標的證券為國外成分證券ETFs或境外指數ETFs之交易量) 日期2016/3/29

			交易口數與契約金額						未平倉餘額					
			多方		空方		多空淨額		多方		空方		多空淨額	
序號	商品名稱	身份別	口數	契約金額	口數	契約金額	口數	契約金額	口數	契約金額	口數	契約金額	口數	契約金額
1	臺股期貨	自營商	24,112	41,573,515	25,921	44,694,687	-1,809	-3,121,172	5,814	9,897,570	10,663	18,203,708	-4,849	-8,306,138
		投信	795	1,368,590	1,274	2,192,814	-479	-824,223	1,994	3,429,484	22,927	39,438,445	-20,933	-36,008,961
		外資	41,408	71,441,555	42,966	74,140,618	-1,558	-2,699,063	57,747	99,139,448	14,644	25,067,642	43,103	74,071,806

步骤4

取得第14～17栏的数据，依次点选：交易资讯➡三大法人➡区分各选择权契约➡依日期，出现一张表格。

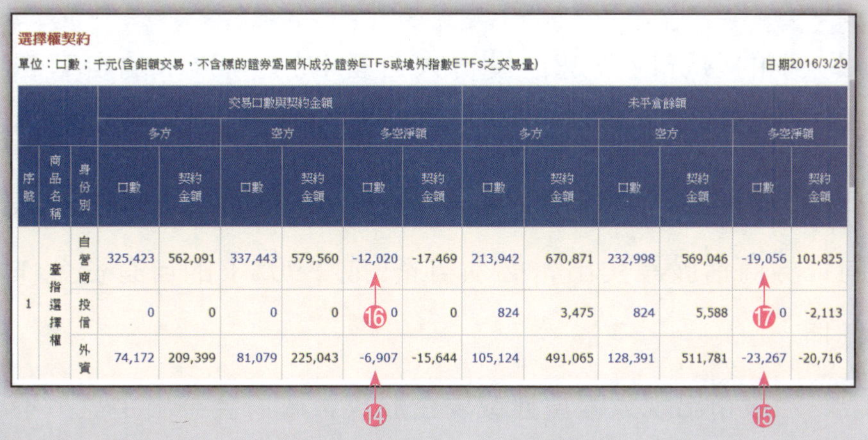

選擇權契約

單位：口數；千元(含鉅額交易，不含標的證券為國外成分證券ETFs或境外指數ETFs之交易量) 日期2016/3/29

			交易口數與契約金額						未平倉餘額					
			多方		空方		多空淨額		多方		空方		多空淨額	
序號	商品名稱	身份別	口數	契約金額	口數	契約金額	口數	契約金額	口數	契約金額	口數	契約金額	口數	契約金額
1	臺指選擇權	自營商	325,423	562,091	337,443	579,560	-12,020	-17,469	213,942	670,871	232,998	569,046	-19,056	101,825
		投信	0	0	0	0	0	0	824	3,475	824	5,588	0	-2,113
		外資	74,172	209,399	81,079	225,043	-6,907	-15,644	105,124	491,065	128,391	511,781	-23,267	-20,716

3-2

资券关系分析法：判断多空 顺势操作

资券关系是与证券商有关的借贷关系，常态状况之下的融资成数是：投资人自备4成（40%）的自有资金，证券商借投资人6成（60%）的资金，证券商针对放贷的6成资金，向投资人收取利息。融券成数则是投资人向证券商借股票卖出，必须自备9成（90%）的自有资金作抵押。

当股市出现大幅重挫或发生股灾，政府会祭出平盘下不得放空和提高融券成数的措施，2015年8月中国大陆股灾，引发全球股市联袂重挫，“金管会”就是老套重弹，实施平盘下不得放空和提高融券成数到120%。

证券商借投资人6成资金，并向投资人收取利息，使得融资具有约2.5倍的杠杆效果。举例说明，如果台积电的价位是100元，用现股买1张约10万元，投资人若采用融资买进，只要自备4成自有资金，4万元就能买1张台积电，10万元就能买2.5张。当股价上涨，每天是2.5倍地涨，财富呈现陡升扩增效果；反之，当盘势由多反空、变成跌势时，每天亦是2.5倍幅度下跌，财富呈现急速缩水效果。

投资人的心情将因融资而忐忑不安、食不知味、夜不能眠，每天都期待反弹或大涨，深怕接到券商的补缴通知或断头令。2015年8月A股崩跌，大陆网络媒体报导，有一位富豪使用融资操作，资产从1亿人民币变成300万人民币，可见使用融资做错方向的可怕。

台湾地区也有类似的真人故事，一位贵妇使用融资操作，在股市连续大跌的过程中，不断接到券商的补缴通知，补缴完，股价还继续跌，输掉2栋豪宅和珠宝首饰，股价仍未止跌，最后被券商断头出场。这是股市还是命运捉弄人呢？当贵妇断头出场后，几乎卖在最低点，股市没多久就反弹，进而转为大涨，最后甚至由空翻多，贵妇沦为路边摊小贩，终日抱憾、以泪洗面。

难怪德国股神科斯托兰尼（André Kostolany）和日本股神是川银藏都告诫我们，不要使用融资操作。除非读者是高手，且有严谨的停损机制，能严格执行停损，才可以使用融资操作。

资券关系＝多空关系

资券关系简单说就是多空关系，从中可以获得以下的经验法则：

- 看多的人会用融资买进，看空的人用融券卖出（放空）。
- 融资增加，表示买盘看多；融券增加，表示卖盘看空。
- 融资减少，表示买盘看空；融券减少，表示卖盘看多。
- 融资操作是先买后卖，表示看多未来趋势，但是融资如持续增加，表示未来蓄积了很大的卖盘（压）。
- 融券操作是先卖后买，表示看空未来趋势，但是融券如持续增加，表示未来蓄积了很大的买盘。
- 当股价上涨时，使用融资买进者获利，使用融券放空者套牢亏损。

- 当股价下跌时，使用融资买进者套牢亏损，使用融券放空者获利。

8种资券关系代表的意义

随着股价多空趋势的变化，会产生8种资券关系，这是研究资券关系的精髓所在：

❶ **资增券增价涨：** 股价上涨时，融资增加，做多者获利；融券增加，做空者套牢亏损，多头略胜一筹。股价若续涨，未来有融券回补买盘支撑，股价仍会续涨。反之，股价若下跌，融资增加的筹码将成为未来的卖压。

❷ **资增券增价跌：** 股价下跌时，融资增加，做多者套牢亏损；融券增加，做空者获利。股价若续跌，融资增加的筹码将成为未来的卖压；反之，若股价上涨，融券增加的筹码将成为回补买盘，有助股价续涨。

❸ **资增券减价涨：** 股价上涨时，融资增加，做多者获利；融券减少，做空者认输回补，未来只剩下融资增加的筹码。一旦涨势转为跌势，融资增加的筹码将成为融资多杀多的卖压来源。

❹ **资增券减价跌：** 股价下跌时，融资增加，做多者套牢亏

损；融券减少，放空者获利回补，未来只剩下融资增加的筹码。股价若续跌，将酝酿形成融资多杀多的崩跌走势。

❺ **资减券增价涨：** 股价上涨时，融资减少，做多者获利卖出；融券增加，放空者套牢亏损，未来只剩下融券增加的放空筹码。股价若续涨，将酝酿形成融券轧空认赔回补走势。

❻ **资减券增价跌：** 股价下跌时，融资减少，做多者认赔卖出；融券增加，做空者获利，未来只剩下融券增加的放空筹码。股价若续跌，融券回补买盘会形成支撑作用。反之，若股价由空翻多，融券增加的放空筹码将形成一波轧空回补买盘，盘势酝酿由空翻多。

❼ **资减券减价涨：** 股价上涨时，融资减少，做多者获利卖出；融券减少，做空者认赔卖出，涨势不会长久。

❽ **资减券减价跌：** 股价下跌时，融资减少，做多者认赔卖出；融券减少，做空者获利卖出，行情续跌。

8 种资券关系

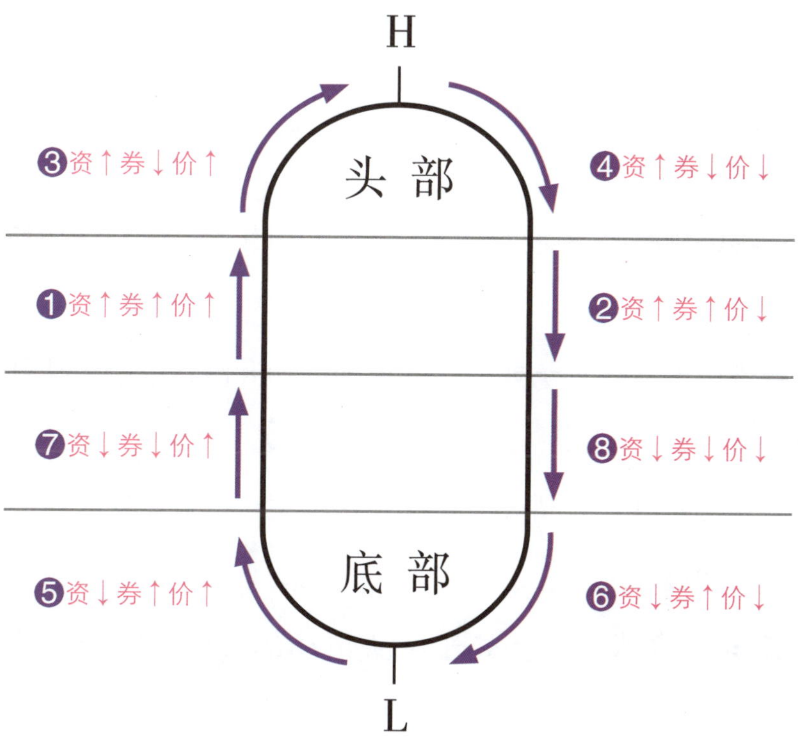

资券关系可研判盘势

从8种资券关系中，我们可以研判盘势的未来走向：

❶ **资增券增价涨：** 盘势处于多头市场的主升段，行情将续涨。

❷ **资增券增价跌：** 盘势处于多头市场的拉回修正，跌势不会长久。

❸ **资增券减价涨：** 盘势处于多头市场的末升段头部区，涨势酝酿由多翻空。

❹ **资增券减价跌：** 盘势处于空头市场的初跌段，酝酿形成崩跌走势。

❺ **资减券增价涨：** 盘势处于多头市场的初升段，酝酿形成轧空走势。

❻ **资减券增价跌：** 盘势处于空头市场的末跌段底部区，跌势酝酿由空翻多。

❼ **资减券减价涨：** 盘势处于空头市场的反弹，涨势不会长久。

❽ **资减券减价跌：** 盘势处于空头市场的主跌段，行情将续跌。

多头市场的资券关系

若依市场区分，8种资券关系中，有4种处于多头市场、4种处于空头市场。

多头市场的4种资券关系为：资减券增价涨、资增券增价涨、资增券增价跌、资增券减价涨。

当股价跌到底部区，酝酿由空翻多时，资券关系最先出现“资减券增价涨”，盘势形成初升段的轧空走势；接着盘势进入主升段行情，资券关系会出现“资增券增价涨”。当主升段进入尾声时，资券关系会出现“资增券增价跌”；当盘势涨到末升段的头部区，资券关系会出现“资增券减价涨”：

资减券增价涨：出现在多头市场的底部区初升段。

资增券增价涨：出现在多头市场半山腰的主升段前半段。

资增券增价跌：出现在多头市场半山腰的主升段后半段。

资增券减价涨：出现在多头市场的头部区末升段。

空头市场的资券关系

空头市场的4种资券关系为：资增券减价跌、资减券减价跌、资减券减价涨、资减券增价跌。

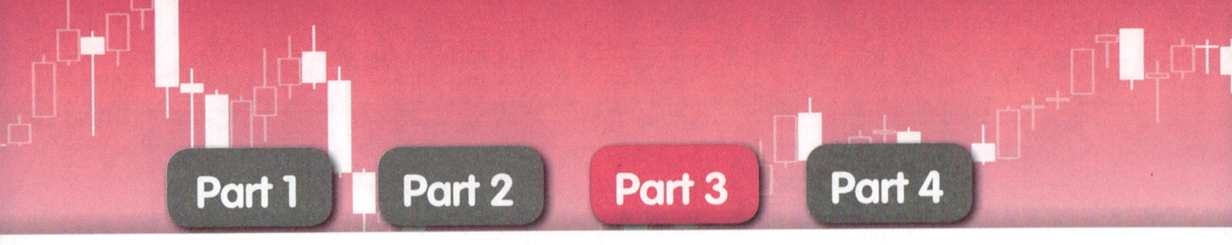

当股价涨到头部区，酝酿由多翻空时，资券关系最先出现“资增券减价跌”，盘势形成初跌段的崩跌走势；接着盘势进入主跌段行情，资券关系会出现“资减券减价跌”。当主跌段进入尾声时，资券关系会出现“资减券减价涨”；当盘势跌到末跌段的底部区，资券关系会出现“资减券增价跌”：

资增券减价跌：出现在空头市场的头部区初跌段。

资减券减价跌：出现在空头市场半山腰的主跌段前半段。

资减券减价涨：出现在空头市场半山腰的主跌段后半段。

资减券增价跌：出现在空头市场的底部区末跌段。

股市所处位置的资券关系

若依股市所处位置来区分，资券关系有2种出现在底部区、2种出现在头部区、2种出现在上涨的半山腰、2种出现在下跌的半山腰。

底部区的资券关系：资减券增价跌、资减券增价涨

底部区出现的2种资券关系是固定模式，是非常重要的底部多空转折，也是研判底部区的重要资讯。

当股价跌到相对低档区时，若看见资券关系呈现“资减

券增价跌”，表示股价已经来到底部区的右半部，酝酿由空翻多。一旦看见资券关系呈现“资减券增价涨”，表示股价已经来到底部区的左半部，由空翻多形成初升段。

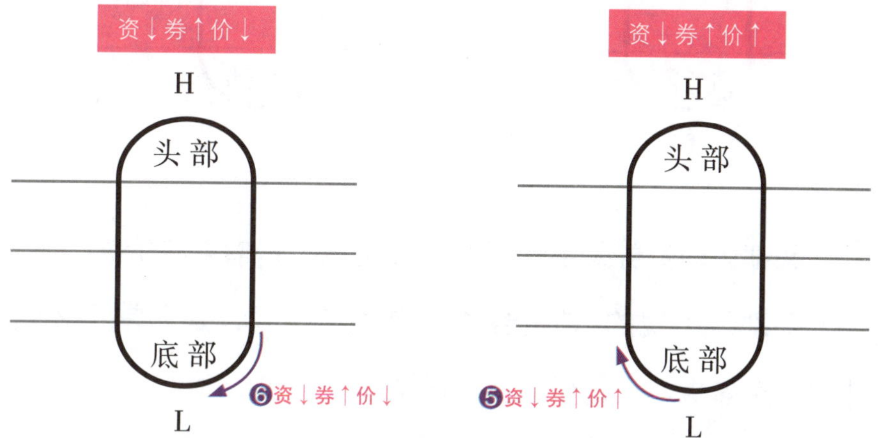

上涨半山腰的资券关系：资增券增价涨、资增券增价跌

上涨半山腰出现的2种资券关系不是固定模式，“资增券增价涨”和“资增券增价跌”出现的先后顺序不固定，互为领先。当看见资券关系呈现“资增券增价涨”和“资增券增价跌”，表示行情处于多头市场的上涨半山腰主升段。

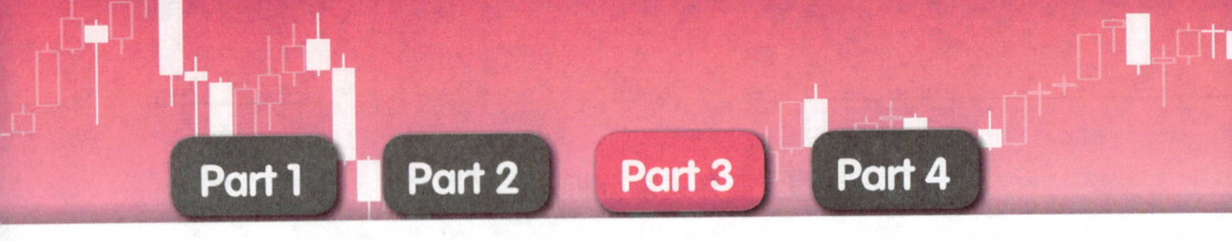

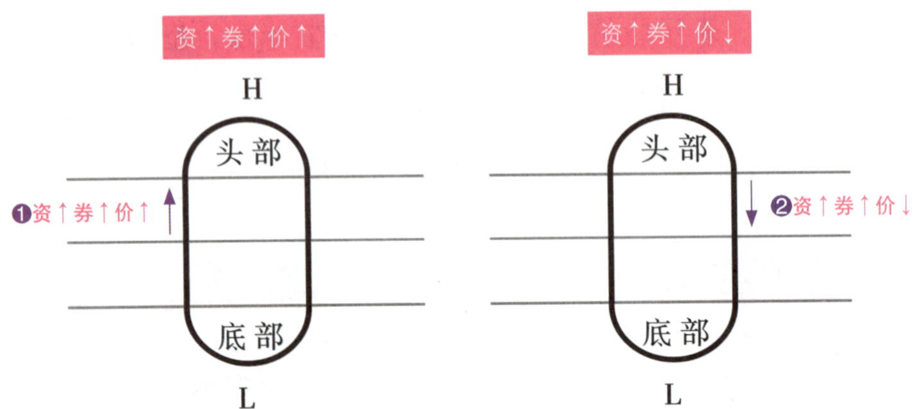

头部区的资券关系：资增券减价涨、资增券减价跌

头部区出现的2种资券关系是固定模式，是非常重要的头部多空转折，也是研判头部区的重要资讯。

当股价涨到相对高档区时，若看见资券关系呈现“资增券减价涨”，表示股价已经来到头部区的左半部，酝酿由多翻空。一旦看见资券关系呈现“资增券减价跌”，表示股价已经来到头部区的右半部，由多翻空形成初跌段。

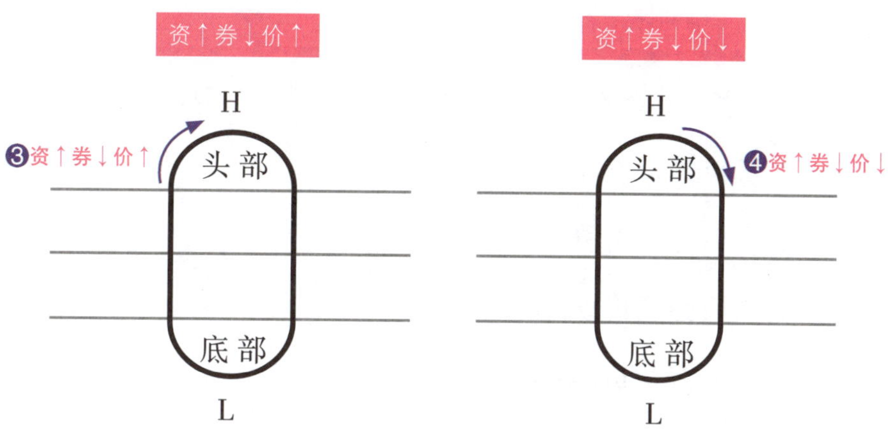

下跌半山腰的资券关系：资减券减价跌、资减券减价涨

下跌半山腰出现的2种资券关系不是固定模式，“资减券减价跌”和“资减券减价涨”出现的先后顺序不固定，互为领先。当看见资券关系呈现“资减券减价跌”和“资减券减价涨”，表示行情处于空头市场的下跌半山腰主跌段。

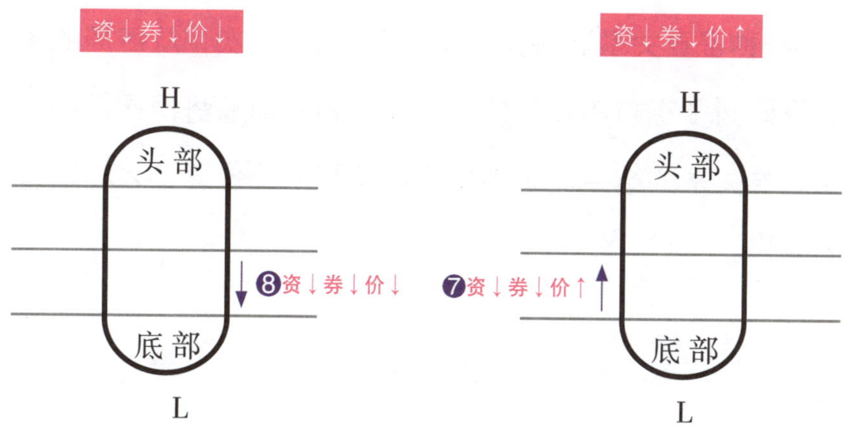

利用资券关系判断多空

出现多头市场4种资券关系之一，顺势偏多操作：

1. 资减券增价涨❺
2. 资增券增价涨❶
3. 资增券增价跌❷
4. 资增券减价涨❸

反之，出现空头市场4种资券关系之一，则顺势偏空操作：

1. 资增券减价跌❹
2. 资减券减价跌❽
3. 资减券减价涨❼
4. 资减券增价跌❻

法人筹码分析统计表第2、3、4、5、9、10栏位，是用于纪录8种资券关系。每天记录，每周研判1次，从每周的资券关系研判多空趋势和所处位置，以利隔周顺势操作；每月总结资券关系的结果，研判多空趋势和所处位置，以利隔月顺势操作。

最重要的资券关系和位置

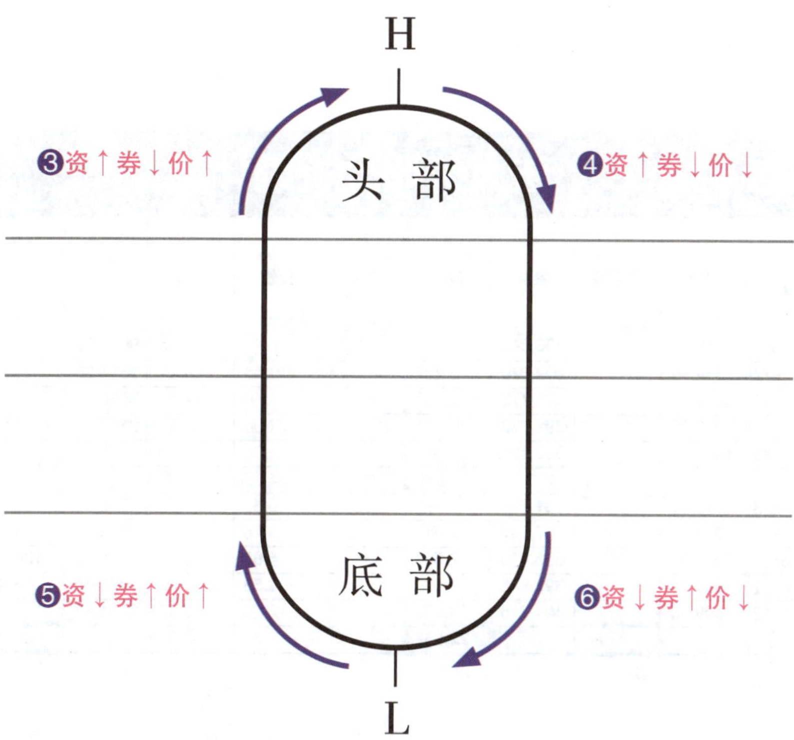

看资券关系顺势操作

2015年6月第1周的资券关系呈现空头市场的“资减券减价跌”，隔周的操作策略是顺势偏空操作，结果隔周下跌获利38.20点。第2周仍然呈现空头市场的“资减券增价跌”，隔周的操作策略仍然是顺势偏空操作，结果隔周下跌获利83.56点。见“法人筹码分析统计表”。

2015年6月　法人筹码分析统计表

1 日期	2 融资 （亿元）	3 资增减 （亿元）	4 融券 （张）	5 券增减 （张）	6 外资 （亿元）	7 投信 （亿元）	8 自营 （亿元）	9 收盘指数 （点）	10 涨跌 （点）
6/1	2036.00	-2.90	398,843	-6,871	-91.28	-5.11	-15.95	9625.69	-75.38
6/2	2034.40	-1.60	402,070	3,227	-17.92	-10.05	-10.31	9614.26	-11.43
6/3	2029.52	-4.89	411,773	9,703	-30.57	-6.49	-12.62	9556.52	-57.74
6/4	2013.59	-15.92	391,732	-20,041	-130.74	-7.54	-50.54	9348.63	-207.89
6/5	1993.19	-20.41	382,186	-9,546	-99.32	-5.36	-1.13	9340.13	-8.50
周合计		-45.72		-23,528	-369.83	-34.55	-90.55		-360.94
6/8	1975.03	-18.16	391,778	9,592	-88.77	-6.54	24.48	9368.43	28.30
6/9	1921.20	-53.84	387,847	-3,931	-35.82	-3.16	-25.76	9191.87	-176.56
6/10	1905.11	-16.09	395,410	7,563	-35.12	4.65	-0.35	9298.50	106.63
6/11	1903.64	-1.47	393,845	-1,565	-89.16	1.53	-11.41	9302.49	3.99
6/12	1899.16	-4.48	404,718	10,873	-46.58	-2.80	3.15	9301.93	-0.56
周合计		-94.04		22,532	-295.45	-6.32	-9.89		-38.20

2015年6月的资券关系呈现空头市场的“资减券减价跌”，隔月的操作策略是顺势偏空操作，结果7月的资券关系仍然呈现“资减券减价跌”，指数则大跌657.68点。顺势偏

空操作的结果是：避开做多的损失657.68点，顺势放空则大赚657.68点，一来一回共计大赚1315.36点。见下表。

1 日期	2 融资 （亿元）	3 资增减 （亿元）	4 融券 （张）	5 券增减 （张）	6 外资 （亿元）	7 投信 （亿元）	8 自营 （亿元）	9 收盘指数 （点）	10 涨跌 （点）
6/12	1899.16	-4.48	404,718	10,873	-46.58	-2.80	3.15	9301.93	-0.56
周合计		-94.04		22,532	-295.45	-6.32	-9.89		-38.20
6/15	1894.28	-4.88	404,625	-93	-43.95	-1.73	-11.15	9259.48	-42.45
6/16	1891.74	-2.53	397,006	-7,619	-74.38	-1.94	-4.53	9212.78	-46.70
台结 6/17	1895.77	4.02	386,003	-11,003	-104.99	-3.32	1.97	9189.83	-22.95
6/18	1894.31	-1.46	378,739	-7,264	-48.33	0.35	-8.24	9218.37	28.54
周合计		-4.85		-25,979	-271.65	-6.64	-21.95		-83.56
6/22	1884.07	-10.24	389,864	11,125	31.44	1.59	21.43	9341.77	123.40
6/23	1882.94	-1.13	378,410	-11,454	-12.98	7.38	-11.59	9391.14	49.37
6/24	1881.86	-1.09	377,290	-1,120	2.89	0.89	-2.04	9397.31	6.17
6/25	1873.18	-8.68	367,151	-10,139	104.84	4.06	29.59	9476.34	79.03
6/26	1873.82	0.65	363,921	-3,230	22.56	2.75	-13.81	9462.57	-13.77
周合计		-20.49		-14,818	148.75	16.67	23.58		244.20
摩结 6/29	1860.87	-12.96	356,993	-6,928	-71.14	-0.20	-54.60	9236.10	-226.47
6/30	1862.19	1.33	318,921	-38,072	11.95	0.70	-4.10	9323.02	86.92
周合计		-11.63		-45,000	-59.19	0.50	-58.70		-139.55
月合计		-176.73		-86,793	-847.37	-30.34	-157.51		-378.05

3-3

筹码面分析法：从三大法人买卖超研判多空

广义而言，筹码面分析法是统计分析外资、投信①、自营商、主力和董监事大股东的筹码买卖变化。一般市场上所谓的筹码面分析，乃是针对主力的买卖超变化进行统计分析，且细分到券商分点的买卖动态。

本章的筹码面分析，则是以三大法人（外资、投信和自营商）的买卖超变化进行统计分析。三大法人的买卖超资讯最透明，在证券交易所和网络媒体都能轻易查到。三大法人

① 投信，投资信托，也就是中国大陆的基金管理公司。

的买卖超金额最大，对大盘指数或个股的涨跌会有影响，尤其是当三大法人联袂买超或卖超时。

当三大法人联袂买超，大盘指数或个股会形成涨势；三大法人连续联袂买超，大盘指数或个股会形成波段涨势。反之，当三大法人联袂卖超，大盘指数或个股会形成跌势；三大法人连续联袂卖超，大盘指数或个股会形成波段跌势。

三大法人联袂买超或卖超，将会对大盘或个股造成助涨和助跌效果，主要是因为三大法人的买卖操作是以基本面为出发点，基本面好就买进、基本面差就卖出。基本面变好或变坏，不是两三天的短期趋势，而是一个波段趋势。

当三大法人联袂买超时，表示基本面波段趋势或长期趋势看好，在基本面中长线看好的支撑下，三大法人的买进会有恃无恐，股价就会被买盘推升而上涨。反之，当三大法人联袂卖超时，表示基本面波段趋势或长期趋势看坏，在基本面中长线看坏的情况下，三大法人的卖出会持续不断，股价就会被卖盘挤压而下跌。

筹码面分析法的多空研判

筹码面出现多头市场的2种模式之一，顺势偏多操作：

❶三大法人联袂买超，且指数（股价）上涨

❷三大法人合计买超，且指数（股价）上涨

筹码面出现空头市场的2种模式之一，顺势偏空操作：

❶三大法人联袂卖超，且指数（股价）下跌

❷三大法人合计卖超，且指数（股价）下跌

筹码面出现盘整市场的2种模式之一，顺势观望操作：

❶三大法人联袂买超，但指数（股价）下跌

❷三大法人合计卖超，但指数（股价）上涨

法人筹码分析统计表的第6、7、8、10栏位是用于记录三大法人（外资、投信和自营商）的买卖超金额和指数的涨跌，每天记录，每周研判1次，从三大法人的筹码面变化和指数的涨跌，研判多空趋势，以利隔周顺势操作；每月总结筹码面的结果，研判多空趋势，以利隔月顺势操作。

2015年6月第1周的筹码面呈现“外资（－369.83亿元）＋投信（－34.55亿元）＋自营商（－90.55亿元）＝联袂卖超494.93亿元”的空头模式，隔周的操作策略是顺势偏空操作，结果隔周下跌获利38.20点。第2周的筹码面仍然呈现“外资（－295.45亿元）＋投信（－6.32亿元）＋自营商（－9.89亿元）＝联袂卖超311.66亿元”的空头模式，隔周的操作策略仍然是顺势偏空操作，结果隔周下跌获利83.56点。见附表。

2015 年 6 月	法人筹码分析统计表								
1	2	3	4	5	6	7	8	9	10
日期	融资（亿元）	资增减（亿元）	融券（张）	券增减（张）	外资（亿元）	投信（亿元）	自营（亿元）	收盘指数（点）	涨跌（点）
6/1	2036.00	-2.90	398,843	-6,871	-91.28	-5.11	-15.95	9625.69	-75.38
6/2	2034.40	-1.60	402,070	3,227	-17.92	-10.05	-10.31	9614.26	-11.43
6/3	2029.52	-4.89	411,773	9,703	-30.57	-6.49	-12.62	9556.52	-57.74
6/4	2013.59	-15.92	391,732	-20,041	-130.74	-7.54	-50.54	9348.63	-207.89
6/5	1993.19	-20.41	382,186	-9,546	-99.32	-5.36	-1.13	9340.13	-8.50
周合计		-45.72		-23,528	-369.83	-34.55	-90.55		-360.94
6/8	1975.03	-18.16	391,778	9,592	-88.77	-6.54	24.48	9368.43	28.30
6/9	1921.20	-53.84	387,847	-3,931	-35.82	-3.16	-25.76	9191.87	-176.56
6/10	1905.11	-16.09	395,410	7,563	-35.12	4.65	-0.35	9298.50	106.63
6/11	1903.64	-1.47	393,845	-1,565	-89.16	1.53	-11.41	9302.49	3.99
6/12	1899.16	-4.48	404,718	10,873	-46.58	-2.80	3.15	9301.93	-0.56
周合计		-94.04		22,532	-295.45	-6.32	-9.89		-38.20
6/15	1894.28	-4.88	404,625	-93	-43.95	-1.73	-11.15	9259.48	-42.45
6/16	1891.74	-2.53	397,006	-7,619	-74.38	-1.94	-4.53	9212.78	-46.70
台结 6/17	**1895.77**	**4.02**	**386,003**	-11,003	-104.99	-3.32	**1.97**	**9189.83**	-22.95
6/18	1894.31	-1.46	378,739	-7,264	-48.33	0.35	-8.24	9218.37	28.54
周合计		-4.85		-25,979	-271.65	-6.64	-21.95		-83.56

6月的筹码面呈现“外资（－847.37亿元）＋投信（－30.34亿元）＋自营商（－157.51亿元）＝联袂卖超1035.22亿元”的空头模式，隔月的操作策略是顺势偏空操作，结果7月的筹码面仍然呈现“外资（－506.77亿元）＋投信（＋34.81亿元）＋自营商（－261.14亿元）＝合计卖超802.72亿元”的空头模式。7月指数大跌657.68点，顺势偏空

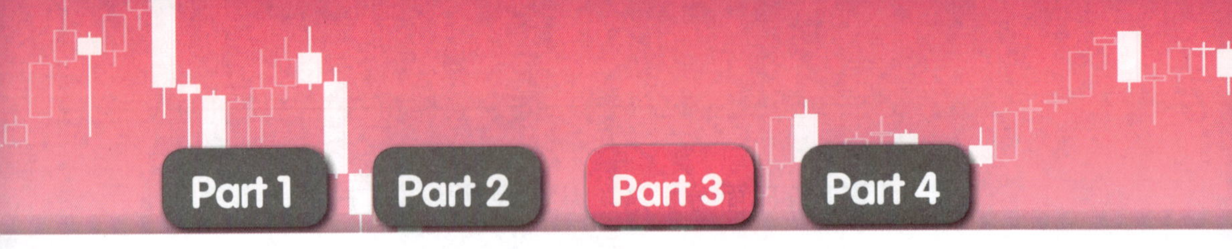

操作的结果是：避开了做多的损失657.68点，顺势放空大赚657.68点，一来一回共计大赚1315.36点。见附表。

1 日期	2 融资 （亿元）	3 资增减 （亿元）	4 融券 （张）	5 券增减 （张）	6 外资 （亿元）	7 投信 （亿元）	8 自营 （亿元）	9 收盘指数 （点）	10 涨跌 （点）
6/12	1899.16	-4.48	404,718	10,873	-46.58	-2.80	3.15	9301.93	-0.56
周合计		-94.04		22,532	-295.45	-6.32	-9.89		-38.20
6/15	1894.28	-4.88	404,625	-93	-43.95	-1.73	-11.15	9259.48	-42.45
6/16	1891.74	-2.53	397,006	-7,619	-74.38	-1.94	-4.53	9212.78	-46.70
台结 6/17	1895.77	4.02	386,003	-11,003	-104.99	-3.32	1.97	9189.83	-22.95
6/18	1894.31	-1.46	378,739	-7,264	-48.33	0.35	-8.24	9218.37	28.54
周合计		-4.85		-25,979	-271.65	-6.64	-21.95		-83.56
6/22	1884.07	-10.24	389,864	11,125	31.44	1.59	21.43	9341.77	123.40
6/23	1882.94	-1.13	378,410	-11,454	-12.98	7.38	-11.59	9391.14	49.37
6/24	1881.86	-1.09	377,290	-1,120	2.89	0.89	-2.04	9397.31	6.17
6/25	1873.18	-8.68	367,151	-10,139	104.84	4.06	29.59	9476.34	79.03
6/26	1873.82	0.65	363,921	-3,230	22.56	2.75	-13.81	9462.57	-13.77
周合计		-20.49		-14,818	148.75	16.67	23.58		244.20
摩结 6/29	1860.87	-12.96	356,993	-6,928	-71.14	-0.20	-54.60	9236.10	-226.47
6/30	1862.19	1.33	318,921	-38,072	11.95	0.70	-4.10	9323.02	86.92
周合计		-11.63		-45,000	-59.19	0.50	-58.70		-139.55
月合计		-176.73		-86,793	-847.37	-30.34	-157.51		-378.05

本章学习心得

读者可以从栏位6～8统计出三大法人（外资、投信和自营商）每天买卖超金额的变化，每天记录，每周研判1次，若呈现联袂买超则偏多操作，反之，若呈现联袂卖超则偏空操作。

3-4

法人盘vs散户盘多空分析法：正确判断多空

「法人盘”和“散户盘”是我独创的经验法则。证券法规规定，外资、投信、自营商、政府基金和全权委托代客操作等法人，皆不可使用信用交易，也就是不能使用融资融券。所以媒体和市场投资人常采用简单的二分法，因为法人不可使用融资，那么融资的使用者就是散户。其实，主力、中实户和公司派的人头户等，亦可以使用融资。

本章讨论的内容，将采用简单的二分法，以散户为主，不考虑主力、中实户和公司派的人头户等。至于法人，一般投资人的认知包括外资、投信、自营商、政府基金、寿产险、上市上柜公司和全权委托代客操作等法人，本章讨论的法人也简单化，以外资、投信和自营商三大法人论之。

何谓法人盘？我根据过去经验法则定义为：融资减少的同时，三大法人买超，表示散户卖而法人买。法人的操作是基本面选股波段操作，当筹码由散户流到法人的手中，股价将会形成波段上涨，所以我将这种情况称为“法人盘”。

何谓散户盘？我根据经验法则定义为：融资增加的同时，三大法人卖超，表示散户买而法人卖。法人的操作是基本面选股波段操作，当筹码由法人流到散户的手中，股价将会形成波段下跌，所以我将这种情况称为“散户盘”。

若“法人盘”或“散户盘”趋势不明显时，统计分析会出现：

❶ 融资增加，且三大法人买超，表示未来行情看涨，盘势偏多。

❷ 融资减少，且三大法人卖超，表示未来行情看跌，盘势偏空。

股市有句名言：“筹码流到法人的手里，再大的利空也跌不下去；筹码流到散户的手里，再大的利多也涨不上去。”

从法人盘和散户盘研判多空

筹码面出现法人盘以下4种模式之一，顺势偏多操作：

❶ 融资减少，三大法人联袂买超，且指数（股价）上涨。

❷ 融资减少，三大法人合计买超，且指数（股价）上涨。

❸ 融资减少，三大法人联袂买超，但指数（股价）下跌。

❹ 融资减少，三大法人合计买超，但指数（股价）下跌。

2015年7月 法人筹码分析统计表

1 日期	2 融资 （亿元）	3 资增减 （亿元）	4 融券 （张）	5 券增减 （张）	6 外资 （亿元）	7 投信 （亿元）	8 自营 （亿元）	9 收盘指数 （点）	10 涨跌 （点）
7/1	1860.34	-1.86	308,639	-10282	14.31	9.01	8.81	9375.23	52.21
7/2	1870.83	10.49	307,823	-816	-31.39	2.37	-20.90	9379.24	4.01
7/3	1881.12	10.29	297,549	-10274	-56.78	-6.89	-40.94	9358.23	-21.01
周合计		18.92		-21372	-73.86	4.49	-53.03		35.21
7/6	1881.86	0.74	301,130	3581	-55.80	-0.26	-45.57	9255.96	-102.27
7/7	1877.43	-4.43	299,684	-1446	-2.57	-3.28	-22.29	9250.16	-5.80
7/8	1847.83	-29.60	290,227	-9457	-153.42	-10.40	-53.44	8976.11	-274.05
7/9	1829.23	-18.60	275,301	-14926	-132.37	-8.33	-8.76	8914.13	-61.98
周合计		-51.89		-22248	-344.16	-22.27	-130.06		-444.10

筹码面出现散户盘以下4种模式之一，顺势偏空操作：

❶ 融资增加，三大法人联袂卖超，且指数（股价）下跌。

❷ 融资增加，三大法人合计卖超，且指数（股价）下跌。

❸ 融资增加，三大法人联袂卖超，但指数（股价）上涨。

❹ 融资增加，三大法人合计卖超，但指数（股价）上涨。

法人筹码分析统计表的第3、6、7、8、10栏位用于纪录融资和三大法人（外资、投信和自营商）的买卖超金额及指数（股价）的涨跌，每天纪录，每周研判1次，从每周的融资增减和三大法人买卖超的结果及指数（股价）的涨点，来判定当周筹码面是呈现法人盘或散户盘。

从法人盘或散户盘来确认多空趋势，以利隔周顺势操作；每月总结法人盘或散户盘的结果，研判多空趋势，以利隔月顺势操作。

7月第1周的筹码面呈现“散户盘”：融资增加18.92亿

1 日期	2 融资 （亿元）	3 资增减 （亿元）	4 融券 （张）	5 券增减 （张）	6 外资 （亿元）	7 投信 （亿元）	8 自营 （亿元）	9 收盘指数 （点）	10 涨跌 （点）
7/17	1811.55	-3.43	336,485	-4916	33.98	3.62	-7.50	9045.98	3.77
周合计		-17.68		61184	31.58	18.96	-14.36		131.85
7/20	1796.81	-14.74	339,687	3202	32.79	3.70	-14.74	8975.00	-70.98
7/21	1784.82	-11.99	342,334	2647	51.65	0.04	2.85	9005.96	30.96
7/22	1782.27	-2.55	342,426	92	-32.87	4.85	-13.23	8918.70	-87.26
7/23	1758.44	-23.83	340,725	-1701	-59.34	-0.16	15.58	8791.12	-127.58
7/24	1746.10	-12.33	355,656	14931	-28.59	0.21	4.20	8767.86	-23.26
周合计		-65.44		19171	-36.36	8.64	-5.34		-278.12
7/27	1686.07	-60.03	336,618	-19038	-34.03	-0.58	-38.26	8556.68	-211.18
7/28	1654.62	-31.45	336,574	-44	-45.82	5.37	21.40	8582.49	25.81
7/29	1645.46	-9.16	353,969	17395	-23.62	5.36	-15.27	8563.48	-19.01
摩结 7/30	1636.06	-9.40	361,494	7525	8.58	10.36	7.12	8651.49	88.01
7/31	1629.60	-6.46	387,331	25837	10.92	4.48	-33.34	8665.34	13.85
周合计		-116.50		31675	-83.97	24.99	-58.35		-102.52
月合计		-232.59		68410	-506.77	34.81	-261.14		-657.68

元，同时三大法人卖超，呈现“外资（－73.86亿元）＋投信（＋4.49亿元）＋自营商（－53.03亿元）＝合计卖超555.31亿元”的空头模式，隔周的操作策略是顺势偏空操作。第2周指数大跌444.10点，顺势偏空操作的结果是，避开了做多的损失444.10点，顺势放空大赚444.10点，一来一回共计大赚888.20点。

7月的筹码面“法人盘”和“散户盘”不明显，统计分析出现“融资减少，且三大法人卖超，表示行情看跌，盘势偏空”：融资减少232.59亿元，同时三大法人卖超，呈现“外资（－506.77亿元）＋投信（＋34.81亿元）＋自营商（－261.14亿元）＝合计卖超733.10亿元”的空头模式，隔月的操作策略是顺势偏空操作。8月指数大跌490.47点，顺势偏空操作的结果是：避开了做多的损失490.47点，顺势放空大赚490.47点，一来一回共计大赚了980.94点。

本章学习心得

读者可以从栏位3和6～8，统计出每天融资余额的增减金额和三大法人（外资、投信和自营商）的买卖超金额变化，每天纪录，每周研判1次，若呈现“法人盘”模式，偏多操作，反之，若呈现“散户盘”模式，则偏空操作。

3-5

量价关系分析法：搞懂量价 掌握多空

所有的投资人想必都听过“量价关系”，一定会直觉地认为：量价关系就是价涨量增、价跌量缩、价涨量缩和价跌量增这4种。没错！但很多投资人根本分不清楚其中的差异，只知文意，不知内涵。

对于量价关系，以下4个问题你会如何作答？

❶ 昨天大盘指数收盘9020点，上涨20点，成交量920亿元；今天大盘指数收盘9040点，上涨20点，成交量950亿元。今天的量价关系是“价涨量增”吗？

❷ 昨天大盘指数收盘9020点，上涨20点，成交量920亿元；今天大盘指数收盘9000点，下跌20点，成交量900亿元，今天的量价关系是“价跌量缩”吗？

❸ 昨天大盘指数收盘9020点，上涨20点，成交量920亿元；今天大盘指数收盘9040点，上涨20点，成交量900亿元，今天的量价关系是“价涨量缩”吗？

❹ 昨天大盘指数收盘9020点，上涨20点，成交量920亿元；今天大盘指数收盘9000点，下跌20点，成交量950亿元，今天的量价关系是“价跌量增”吗？

从文意来看，好像答案都是对，但在实务经验上却可能是错的。量价关系中的价涨或价跌不会让人判断错误，因为涨跌就是用点数计算，涨0.1点是涨、跌0.01点是跌。

容易发生错误的是“成交量”，量增或量减不是用今天的成交量和昨天的成交量相比，而是以今天的成交量和最近5天的成交量（5日均量）相比。成交量大于5日均量，才称为量增；反之，成交量小于5日均量，就称为量缩。

搞懂4种量价关系的意义

量价关系是技术分析中，研判盘势多空趋势非常重要的工具，读者们一定要搞清楚、弄明白，因为量先价行，有量才有价，无量就无价。

量价关系若出现多头市场的2种模式之一，可以顺势偏多操作：

❶ 价涨量增。

❷ 价跌量缩。

量价关系若出现空头市场的2种模式之一，可以顺势偏空操作：

❶ 价涨量缩。

❷ 价跌量增。

法人筹码分析统计表中的第9、10、11栏位用于纪录指数涨跌和成交量增减，每天纪录，每周研判1次，从每周的指数涨跌和成交量增减的结果，来判定当周量价关系是呈现多头或空头模式。

从多头或空头模式来确认多空趋势，以利隔周顺势操作；每月总结多头或空头模式的结果，研判多空趋势，以利隔月顺势操作。

2015 年 7 月	法人筹码分析统计表											
1	2	3	4	5	6	7	8	9	10	11		
日期	融资（亿元）	资增减（亿元）	融券（张）	券增减（张）	外资（亿元）	投信（亿元）	自营（亿元）	收盘指数（点）	涨跌（点）	成交量（亿元）		
7/1	1860.34	-1.86	308,639	-10282	14.31	9.01	8.81	9375.23	52.21	866.25	<	923
7/2	1870.83	10.49	307,823	-816	-31.39	2.37	-20.90	9379.24	4.01	861.01	<	888
7/3	1881.12	10.29	297,549	-10274	-56.78	-6.89	-40.94	9358.23	-21.01	843.84	<	888
周合计		18.92		-21372	-73.86	4.49	-53.03		35.21			
7/6	1881.86	0.74	301,130	3581	-55.80	-0.26	-45.57	9255.96	-102.27	835.57	<	867
7/7	1877.43	-4.43	299,684	-1446	-2.57	-3.28	-22.29	9250.16	-5.80	924.90	>	866
7/8	1847.83	-29.60	290,227	-9457	-153.42	-10.40	-53.44	8976.11	-274.05	1433.86	>	980
7/9	1829.23	-18.60	275,301	-14926	-132.37	-8.33	-8.76	8914.13	-61.98	1303.06	>	1068
周合计		-51.89		-22248	-344.16	-22.27	-130.06		-444.10			
7/13	1819.69	-9.54	290,514	15213	-32.15	0.12	32.70	9033.92	119.79	1040.63	<	1108
7/14	1814.51	-5.18	310,237	19723	-1.44	6.15	-25.23	9041.76	7.84	1007.31	<	1142
台结 7/15	1816.90	2.39	327,470	17233	18.74	5.51	-18.38	9054.20	12.44	833.69	<	1124
7/16	1814.98	-1.92	341,401	13931	12.45	3.56	4.05	9042.21	-11.99	779.19	<	993
7/17	1811.55	-3.43	336,485	-4916	33.98	3.62	-7.50	9045.98	3.77	766.06	<	885
周合计		-17.68		61184	31.58	18.96	-14.36		131.85			

成交金额　近5日成交均量

7月第1周的量价关系呈现“价涨量缩”的空头模式：融资增加18.92亿元，同时三大法人卖超，外资（－73.86亿元）＋投信（＋4.49亿元）＋自营商（－53.03亿元）＝合计卖超555.31亿元，隔周的操作策略是顺势偏空操作。第2周指数大跌444.10点，顺势偏空操作的结果是：避开了做多的损失444.10点，顺势放空大赚444.10点，一来一回共计大赚888.20点。

本章学习心得

读者可以从栏位9～11统计出每天量价关系的涨跌变化，每天纪录，每周研判1次，若呈现“多头市场”模式则偏多操作，反之，若呈现“空头市场”模式则偏空操作。

Note

3-6

融资vs大盘多空分析法：盘势多空一目了然

融资vs大盘多空分析法是指，在一段上涨或下跌的区间，比较融资的增减幅度和大盘指数的涨跌幅度，从而研判盘势的多空走势。

法规规定，外资、投信、自营商、政府基金和全权委托代客操作等法人，不可使用融资融券操作。因此，一般都用简单的二分法，认定使用融资融券的就是散户，其实这个说法不精准，因为主力、中实户和公司派的人头户也可以使用融资。

总之，市场一般认定，融资是散户在使用，因此产生8种资券关系（详见3-2资券关系分析法）和融资vs大盘多空分析法。

多头市场的上涨趋势

❶ 融资增幅<大盘（股价）涨幅=筹码安定 ➡ 续涨

股市呈现多头市场的上涨趋势时，筹码面会先形成外资、投信和自营商三大法人买超，而融资不增反减的情况，表示法人买、散户卖，筹码流到法人的手上，成为“法人盘”，表示股价会持续上涨。

如何判断股价还会上涨？只要融资的增幅没有超过大盘的涨幅，表示散户还没有全部进场买进，筹码面仍属安定的法人盘，股价还会继续上涨。

2015年8月24日到9月18日的上涨区间，大盘加权指数上涨14.19%，同时期的融资余额不增反减−3.85%，表示散户还没有全部进场买进，筹码面仍属安定的法人盘，股价还会继续上涨。符合上涨趋势的公式：

融资增幅−3.85%<大盘涨幅+14.19%=筹码安定 ➡ 续涨

大盘日线图：筹码安定 呈现续涨走势

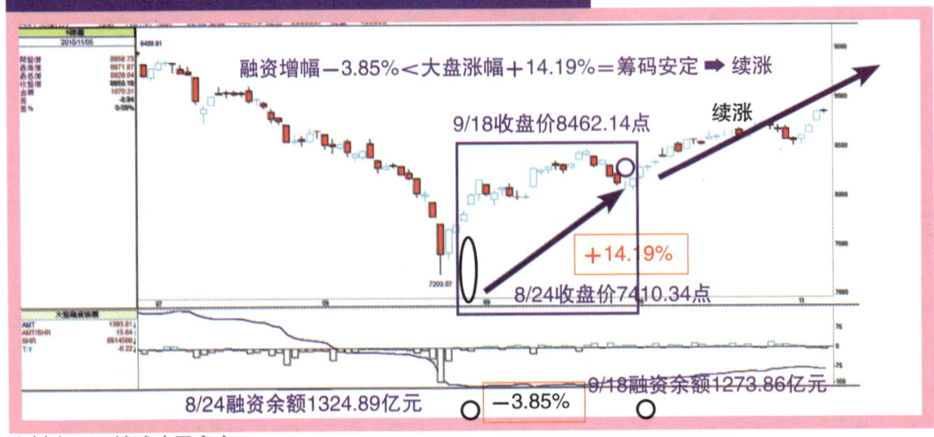

资料来源：精诚速霸赢家

❷ 融资增幅＞大盘（股价）涨幅＝筹码凌乱 ➡ 酝酿拉回

如何判断上涨到何时会结束？只要融资的增幅没有超过大盘的涨幅，表示散户还没有全部进场买进，筹码面仍属安定的法人盘，股价还会续涨。一旦融资的增幅超过大盘的涨幅，表示散户几乎全部激情地进场买进，筹码面由安定的法人盘转为不安定的“散户盘”，若筹码面后来形成外资、投信和自营商三大法人卖超，而融资不减反增的情况，表示法人卖、散户买，筹码流到散户的手上，成为“散户盘”，表示股价将酝酿拉回修正，盘势有可能由涨转跌。

2015年2月24日到6月3日的上涨盘整区间，大盘加权指

大盘日线图：筹码凌乱 酝酿拉回

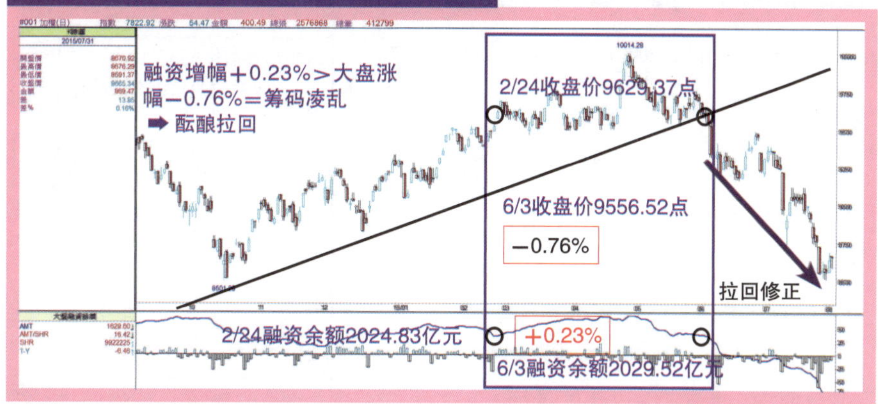

资料来源：精诚速霸赢家

数下跌-0.76%，同时期融资余额不减反增+0.23%，表示股价将酝酿拉回修正，盘势可能由涨转跌。符合酝酿拉回的公式：

融资增幅+0.23%＞大盘涨幅-0.76%=筹码凌乱

➡ 酝酿拉回

空头市场的下跌趋势

❶ 融资减幅＜大盘（股价）跌幅=筹码凌乱 ➡ 续跌

当股市呈现空头市场的下跌趋势时，筹码面会先形成外资、投信和自营商等三大法人卖超，而融资不减反增的情况，表示法人卖、散户买，筹码流到散户的手上，成为“散

大盘日线图：筹码凌乱 呈现续跌走势

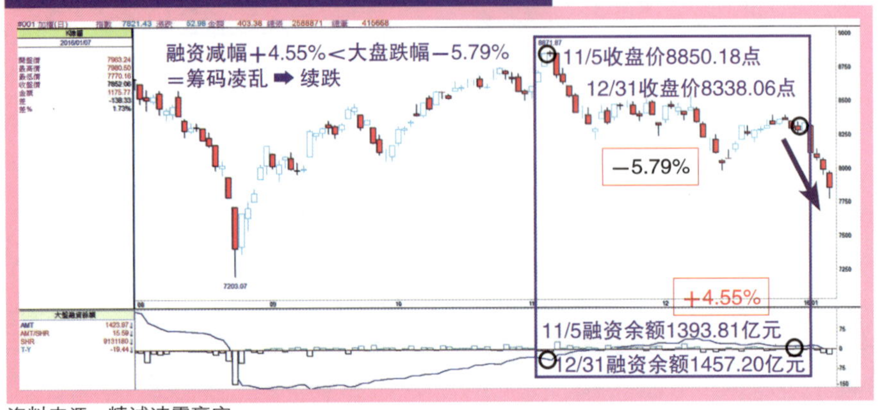

资料来源：精诚速霸赢家

户盘”，表示股价会酝酿下跌。

只要融资的减幅没有超过大盘的跌幅，表示散户还没有全部停损认赔出场，筹码面仍属不安定的散户盘，有可能再形成一波融资多杀多的卖压，股价还会继续下跌。

2015年11月5日到12月31日的下跌区间，大盘加权指数下跌5.79%，而同时期融资余额不减反增+4.55%，表示散户还没有全部停损认赔出场，筹码面仍属不安定的散户盘，有可能再形成一波融资多杀多的卖压，股价还会继续下跌。符合续跌的公式：

融资减幅+4.55%<大盘跌幅−5.79%=筹码凌乱 ➡ 续跌

❷ 融资减幅＞大盘（股价）跌幅＝筹码安定 ➡ 酝酿反弹

如何判断股价下跌到何时才会结束？只要融资的减幅没有超过大盘的跌幅，表示散户还没有全部停损认赔出场，筹码面仍属不安定的散户盘，股价还会续跌。一旦融资的减幅超过大盘的跌幅，表示散户几乎全部停损认赔出场，筹码面由不安定的散户盘转为安定的“法人盘”，若筹码面后来形成外资、投信和自营商三大法人买超，而融资不增反减的情况，表示法人买、散户卖，筹码流到法人的手上，成为“法人盘”，表示股价将酝酿反弹上涨，盘势有可能由跌转涨。

2015年4月28日到8月24日的下跌区间，大盘加权指数下跌－25.85%，同时期融资余额减幅为－38.87%，表示散户几

大盘日线图：筹码安定 酝酿反弹

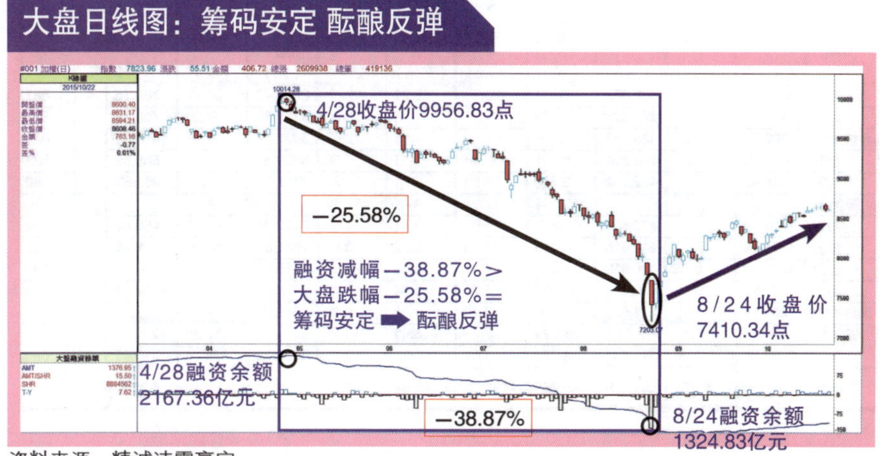

资料来源：精诚速霸赢家

乎全部停损认赔出场，筹码面由不安定的散户盘转为安定的“法人盘”，股价酝酿反弹上涨，盘势可能由跌转涨。符合酝酿反弹的公式：

融资减幅—38.87%＞大盘跌幅—25.58%＝筹码安定

➡ 酝酿反弹

法人筹码分析统计表中的第2～3、9～10栏位，是用于纪录融资余额增减和收盘指数涨跌，每天纪录，每周研判1次，从每周的融资余额增减和大盘指数涨跌的结果，来判定当周融资和大盘的关系是呈现多头或空头模式，以利隔周顺势操作；每月总结多头或空头模式的结果，研判多空趋势，

2015年8月　法人筹码分析统计表

1 日期	2 融资（亿元）	3 资增减（亿元）	4 融券（张）	5 券增减（张）	6 外资（亿元）	7 投信（亿元）	8 自营（亿元）	9 收盘指数（点）	10 涨跌（点）	11 成交量（亿元）		
8/17	1526.59	-2.35	489,802	-3,434	-20.70	2.21	-22.86	8213.42	-92.22	702.76	<	861
8/18	1520.01	-6.57	495,625	5,823	-1.28	-1.80	-11.85	8177.22	-36.20	756.22	<	811
合结 8/19	1502.75	-17.26	485,965	-9,660	-60.62	-4.46	-22.47	8021.84	-155.38	1018.69	>	821
8/20	1495.18	-7.57	479,354	-6,611	-56.88	1.11	-0.58	8029.81	7.97	885.88	>	821
8/21	1455.40	-39.78	482,932	3,578	-72.89	-6.54	-19.35	7786.92	-242.89	1036.63	>	880
周合计		-73.53		-10,304	-212.37	-9.48	-77.11		-518.72			
8/24	1324.89	-130.51	430,603	-52,329	-65.96	-5.71	-17.59	7410.34	-376.58	1460.88	>	1032
8/25	1277.74	-47.15	440,916	10,313	41.53	5.72	3.95	7675.64	265.30	1208.48	>	1122
8/26	1277.90	0.15	436,919	-3,997	-91.58	2.88	-23.68	7715.59	39.95	1100.93	<	1139
8/27	1271.45	-6.42	476,300	39,381	-64.76	5.56	-17.72	7824.55	108.96	1092.23	<	1180
摩结 8/28	1264.59	-9.85	511,556	35,256	42.10	-0.44	4.49	8019.18	194.63	1053.51	<	1185
周合计		-193.78	-13.31%	28,624	-138.67	8.01	-50.55		232.26	+2.98%		
8/31	1262.87	1.28	531,331	19,775	-3.61	-4.29	-10.73	8174.92	155.74	1016.46	<	1096
月合计		-366.70	-32.73%	144,000	-570.68	17.92	-143.40		-490.47	-4.81%		

以利隔月顺势操作。

2015年8月24日到8月28日这周的融资减少193.78亿元，减幅－13.31%；大盘指数上涨＋232.26点，涨幅＋2.98%，呈现多头市场的上涨走势：

融资增幅<大盘（股价）涨幅＝筹码安定 ➡ 续涨

确认为多头趋势，隔周顺势偏多操作的结果是：9月第1周小跌－0.23%、第2周大涨＋3.81%、第3周上涨＋1.88%。

大盘周线图：上涨走势

资料来源：精诚速霸赢家

从每月的融资余额增减和指数涨跌的结果，来判定当月的融资和大盘的关系是呈现多头或空头模式。8月份的融资减少－533.34亿元，减幅－32.73%；大盘指数下跌－417.18

点，跌幅—4.81%，呈现空头市场的反弹走势：

融资减幅＞大盘（股价）跌幅＝筹码安定 ➡ 酝酿反弹

8月确认为多头趋势，隔月顺势偏多操作的结果是：9月小涨+0.08%%、10月大涨+4.56%。

大盘月线图：酝酿反弹

资料来源：精诚速霸赢家

Note

3-7

平均成本分析法：准确抓出买卖点

平均成本分析法是，计算某段上涨区间或横向盘整区间的平均成本，这是买进者的平均成本，亦可称为“换手支撑区”。

计算某段下跌区间或横向盘整区间的平均成本，这是买进者的平均成本，亦可称为“套牢压力区”。

多头市场的拉回修正

在多头市场的上涨过程中，涨多一定会拉回修正，拉回修正分为2种：

❶ 波浪理论的简单修正波，股价一路下跌。

❷ 股价以盘代跌，形成横向盘整。

股价拉回修正结束后，便会展开另一波涨势。涨势开始之前，会有蛛丝马迹可供参考。

当股价由下往上时，收盘价大于拉回修正时的区间平均成本，表示拉回修正时的买进者都解套获利中，平均成本变成“换手支撑区”，股价将展开下一波涨势。

反之，当股价拉回修正结束后，股价上涨未能大于拉回修正时的区间平均成本，表示拉回修正时的买进者都还在套牢中，平均成本为“套牢压力区”，股价涨到平均成本套牢压力区时，会引发双重卖压：

❶ 原先套牢者的解套卖压

❷ 抢反弹买进者的获利了结卖压

空头市场的反弹上涨

在空头市场的下跌过程中，跌深一定会反弹上涨，反弹上涨分为2种：

❶ 波浪理论的简单反弹波，股价一路上涨。

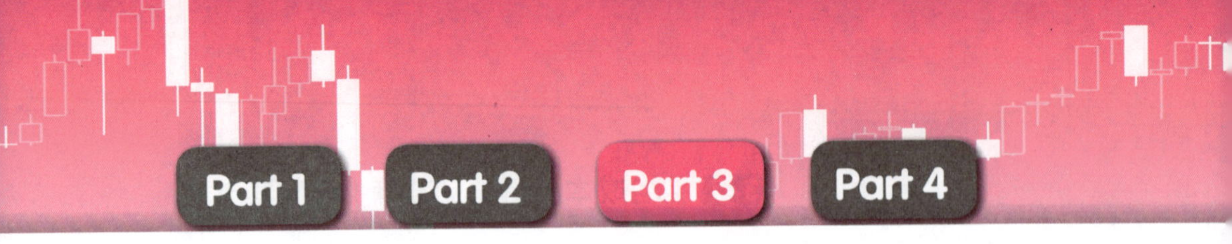

❷ 股价以盘代跌，形成横向盘整。

股价跌深反弹结束后，便会展开另一波的跌势。跌势开始之前，会有蛛丝马迹可供参考。

当股价由上往下时，收盘价小于跌深反弹时的区间平均成本，表示抢跌深反弹的买进者都陷入套牢中，平均成本变成“套牢压力区”，股价将展开一波跌势，恐会引发卖压：

❶ 原先套牢者的认赔卖压

❷ 抢反弹买进者的停损卖压

❸ 放空追杀者的卖压

反之，当股价跌深反弹结束后，股价下跌没有小于跌深反弹时的区间平均成本，表示抢跌深反弹的买进者都还在获利中，平均成本为“换手支撑区”，股价还会继续反弹上涨。

多头市场的3种形态

在多头市场，平均成本分析法有3种形态：

❶ 多头市场拉回修正找买点，当股价拉回修正结束后，股价由下往上时，收盘价大于拉回修正期间的平均成本为“买进时点”。

晶电日线图：买进时点

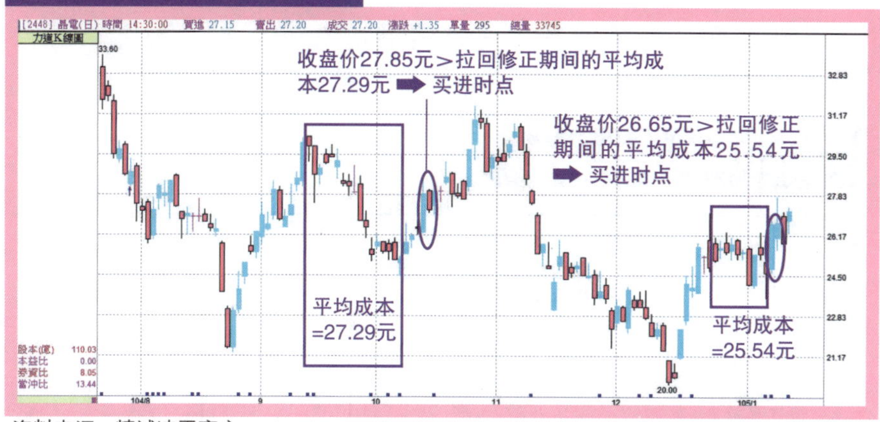

资料来源：精诚速霸赢家

❷ 多头市场涨多拉回找买点，当股价拉回修正接近前波盘整的平均成本换手支撑区，前波的平均成本附近为“买进时点”。

吉祥全周线图：买进时点

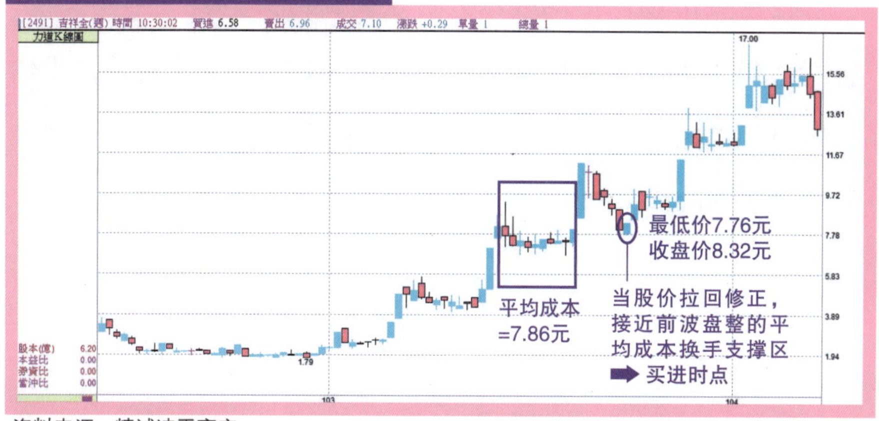

资料来源：精诚速霸赢家

❸ 收盘价＞平均成本＝获利中，平均成本形成支撑作用。未跌破之前，趋势偏多，持股续抱。

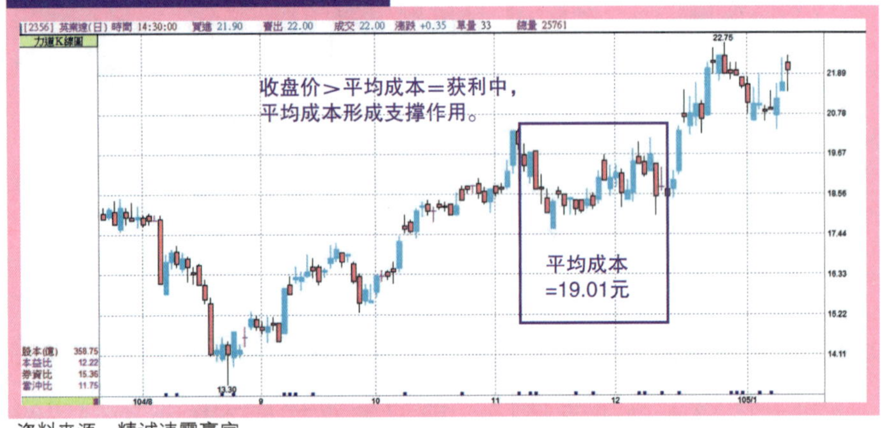

资料来源：精诚速霸赢家

空头市场的3种形态

在空头市场，平均成本分析法有3种形态：

❶ 空头市场跌深反弹找卖点，当股价跌深反弹结束后，股价由上往下时，收盘价小于跌深反弹期间的平均成本为“放空（卖出）时点”。

汉微科日线图：卖出时点

平均成本
=1161.3元

当股价跌深结束后，收盘价1080元＜跌深反弹期间的平均成本1161.3元
➡ 放空（卖出）时点

资料来源：精诚速霸赢家

❷ 空头市场跌深反弹找卖点，当股价跌深反弹，接近前波盘整的平均成本套牢压力区，前波的平均成本附近为“放空（卖出）时点”。

联强周线图：卖出时点

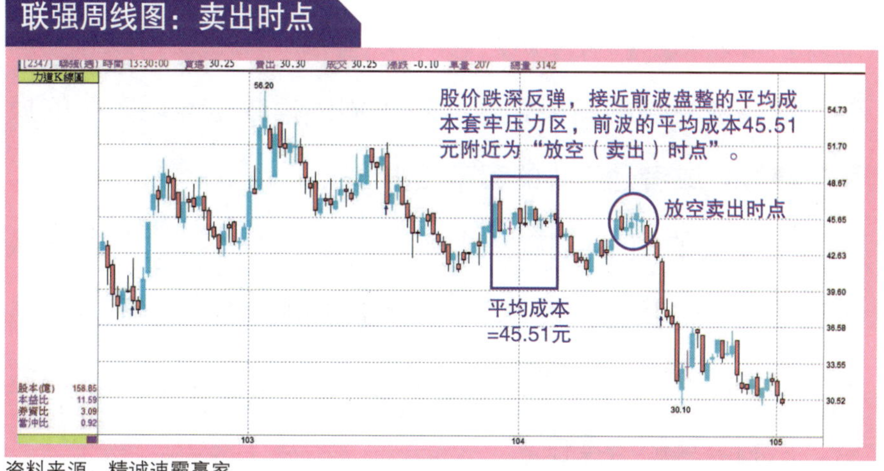

资料来源：精诚速霸赢家

❸ 收盘价＜平均成本＝套牢中，平均成本形成压力作用，未突破之前，趋势偏空，空单续抱。

资料来源：精诚速霸赢家

“法人筹码分析统计表”中的第9栏位，是用于纪录收盘指数，每天纪录，每周研判1次，从每周五的收盘指数和一周的收盘指数平均的结果，来判定当周的指数是呈现多头的换手支撑区，或者是空头的套牢压力区。

从多头的换手支撑区或空头的套牢压力区，可以确认多空趋势，供我们决策参考，以利隔周顺势操作；每月总结多头的换手支撑区或空头的套牢压力区的结果，研判多空趋势，以利隔月顺势操作。

2015年7月	法人筹码分析统计表								
1	2	3	4	5	6	7	8	9	10
日期	融资（亿元）	资增减（亿元）	融券（张）	券增减（张）	外资（亿元）	投信（亿元）	自营（亿元）	收盘指数（点）	涨跌（点）
7/20	1796.81	-14.74	339,687	3202	32.79	3.70	-14.74	8975.00	-70.98
7/21	1784.82	-11.99	342,334	2647	51.65	0.04	2.85	9005.96	30.96
7/22	1782.27	-2.55	342,426	92	-32.87	4.85	-13.23	8918.70	-87.26
7/23	1758.44	-23.83	340,725	-1701	-59.34	-0.16	15.58	8791.12	-127.58
7/24	1746.10	-12.33	355,656	14931	-28.59	0.21	4.20	8767.86	-23.26
周合计		-65.44		19171	-36.36	8.64	-5.34		-278.12
7/27	1686.07	-60.03	336,618	-19038	-34.03	-0.58	-38.26	8556.68	-211.18
7/28	1654.62	-31.45	336,574	-44	-45.82	5.37	21.40	8582.49	25.81
7/29	1645.46	-9.16	353,969	17395	-23.62	5.36	-15.27	8563.48	-19.01
摩结 7/30	1636.06	-9.40	361,494	7525	8.58	10.36	7.12	8651.49	88.01
7/31	1629.60	-6.46	387,331	25837	10.92	4.48	-33.34	8665.34	13.85
周合计		-116.50		31675	-83.97	24.99	-58.35		-102.52
月合计		-232.59		68410	-506.77	34.81	-261.14	平均 8963.88	-657.68

2015年7月31日收盘指数8665.34点＜7月的平均成本8963.88点，7月买进者套牢298.54点，结果8月份下跌490.42点；若依据平均成本法操作，收盘价小于平均成本即认赔卖出，就能避开490.42点的跌幅。有经验的积极型投资人，于卖出的同时，反手放空卖出，便能大赚一波空头财。

平均成本法除了可在每周或每月的固定期间研判多空趋势，也能在多头市场的上涨过程或空头市场的下跌过程中采样一段期间的平均成本，用来研判多空趋势：

2015 年 8 月 法人筹码分析统计表									
1 日期	2 融资 （亿元）	3 资增减 （亿元）	4 融券 （张）	5 券增减 （张）	6 外资 （亿元）	7 投信 （亿元）	8 自营 （亿元）	9 收盘指数 （点）	10 涨跌 （点）
8/17	1526.59	-2.35	489,802	-3,434	-20.70	2.21	-22.86	8213.42	-92.22
8/18	1520.01	-6.57	495,625	5,823	-1.28	-1.80	-11.85	8177.22	-36.20
台结 8/19	1502.75	-17.26	485,965	-9,660	-60.62	-4.46	-22.47	8021.84	-155.38
8/20	1495.18	-7.57	479,354	-6,611	-56.88	1.11	-0.58	8029.81	7.97
8/21	1455.40	-39.78	482,932	3,578	-72.89	-6.54	-19.35	7786.92	-242.89
周合计		-73.53		-10,304	-212.37	-9.48	-77.11		-518.72
8/24	1324.89	-130.51	430,603	-52,329	-65.96	-5.71	-17.59	7410.34	-376.58
8/25	1277.74	-47.15	440,916	10,313	41.53	5.72	3.95	7675.64	265.30
8/26	1277.90	0.15	436,919	-3,997	-91.58	2.88	-23.68	7715.59	39.95
8/27	1271.45	-6.42	476,300	39,381	-64.76	5.56	-17.72	7824.55	108.96
摩结 8/28	1264.59	-9.85	511,556	35,256	42.10	-0.44	4.49	8019.18	194.63
周合计		-193.78		28,624	-138.67	8.01	-50.55		232.26
8/31	1262.87	1.28	531,331	19,775	-3.61	-4.29	-10.73	8174.92	155.74
月合计		-366.70		144,000	-570.68	17.92	-143.40		-490.42

❶ 收盘价＞平均成本＝买进，表示获利中，平均成本形成支撑作用，未跌破之前，趋势偏多，持股续抱。

❷ 收盘价＜平均成本＝卖出，表示套牢中，平均成本形成压力作用，未突破之前，趋势偏空，空单续抱。

以2015年全年（1/5～12/31）为例，平均成本多空趋势分析如下：

2015年加权市场 外资买超＋421.86亿元，平均成本约8959.34点。

12月31日收盘价8338.06点＜平均成本8959.34点＝－621.28点（－6.93%），表示外资套牢中，平均成本形成压力作用，未突破之前，趋势偏空。

结果：在2016年第1周，加权指数重挫－444.09点（－5.33%）。

2015年柜台市场 外资买超＋532.76亿元，平均成本约131.06点。

12月31日收盘价129.05点＜平均成本131.06点＝－2.01点（－1.53%），表示外资套牢中，平均成本形成压力作用，未突破之前，趋势偏空。

结果：在2016年第1周，柜台指数重挫－5.54点（－4.29%）。

外资买卖超和平均成本经验法则

从外资买卖超和平均成本间的关系，可以获得以下的操作经验法则：

❶ 外资买超，平均成本为支撑区，盘势看多。

❷ 外资卖超，平均成本为压力区，盘势看空。

❸ 外资买超，且收盘价大于买进的平均成本，表示平均成本

为支撑区，盘势看多；反之，外资卖超，且收盘价小于买进的平均成本，表示平均成本为压力区，盘势看空。

❹ 外资买超，但收盘价小于买进的平均成本，表示平均成本为套牢压力区，盘势不看多。

3-8

期权关系分析法：掌握外资多空动向空

期权关系分析法是，统计外资每天、每周或每月在期货和选择权多空布局的口数增减变化，以及未平仓的多空部位的口数，以研判外资在期货和选择权是偏多或偏空操作。另外，再统计外资在现货市场的买卖超金额，进行综合研判，以了解外资整体的多空动向，以利我们做出正确的投资判断。

实务上，外资在期货市场的影响力最大，自营商则在选择权市场的影响力最大。期货操作者要勤快地统计外资每天、每周或每月在期货市场的多空布局的口数增减变化，以及未平仓的多空口数，以利研判外资是偏多或偏空操作。跟着外资操作期货，胜算大于失算。

选择权操作者则要勤快地统计自营商每天、每周或每月在选择权市场的多空布局的口数增减变化，以及未平仓的多空口数，以利研判自营商是偏多或偏空操作。跟着自营商操作选择权，胜算大于失算。

如果读者们都能勤快地统计外资和自营商在期货和现货市场的操作动态，就能正确判断多空趋势。以下提供我多年统计所得的独门经验法则。

期权关系8大经验法则

❶ 期货是现货的领先指标，期货减现货如为正数，称为正价差，表示盘势偏多

期货市场有价格发现的功能，例如从欧洲的美元期货价格，可以知道远期利率。运用在股市的研判上，当看到期货价格上涨且形成正价差，则表示现阶段的股市呈现上涨的多头趋势，可以顺势偏多操作。

❷ 期货连续3天为正价差，且正价差大于正25～30点以上，

表示趋势偏多

当期货价格上涨且形成正价差，表示现阶段的股市呈现上涨的趋势，若期货又连续3天为正价差，且正价差的幅度大于正25～30点以上，则更确立趋势偏多，甚至可能形成波段涨势。

❸ 期货呈现正价差，且大于正50点以上，表示异常，酝酿收敛修正

当期货价格上涨且形成正价差，表示现阶段的股市呈现上涨的趋势，若期货又连续3天为正价差，且正价差的幅度大于正25～30点，则更确立趋势偏多，甚至可能形成波段涨势。一旦正价差的幅度大于正50点以上，就表示异常，将酝酿收敛修正。收敛修正的方式可能有3种：(1)期货跌而现货涨；(2)期货不跌或小跌而现货大涨；(3)期货大跌而现货不涨或小涨。

❹ 期货是现货的领先指标，期货减现货如为负数，称为逆价差，表示盘势偏空

期货市场有价格发现的功能，运用在股市的研判上，当看到期货价格下跌且形成逆价差，就表示现阶段的股市呈现下跌的空头趋势，可以顺势偏空操作。

❺ 期货连续3天为逆价差，且逆价差大于负25～30点以上，表示趋势偏空

当期货价格下跌且形成逆价差，表示现阶段的股市呈现下跌的趋势，若期货又连续3天为逆价差，且逆价差的幅度大于负25～30点以上，则更确立趋势偏空，甚至可能形成波段跌势。

❻ 期货呈现逆价差，且大于负50点以上，表示异常，酝酿收敛修正

当期货价格下跌且形成逆价差，表示现阶段的股市呈现下跌的趋势，若期货又连续3天为逆价差，且逆价差的幅度大于负25～30点，则更确立趋势偏空，甚至可能形成波段跌势。一旦逆价差的幅度大于负50点以上，就表示异常，酝酿收敛修正。收敛修正的方式可能有3种：（1）期货涨而现货跌；（2）期货不涨或小涨而现货大跌；（3）期货大涨而现货不跌或小跌。

❼ 卖权（Put）/ 买权（Call）＞1，表示散户看空，盘势将酝酿上涨

选择权的Put/Call Ratio简称为P/C Ratio，指的是卖权和买权的未平仓口数比值。P/C Ratio＞1表示卖权未平仓量大于买权未平仓量，也就是看不跌的人比看不涨的人多，卖权未平仓量中有很多Buy Put，一般多为散户；另外，还有许多Sell Put，当Sell Put的法人（自营商）或主力看不跌而散户看跌时，盘势将酝酿上涨。

❽ 卖权（Put）/ 买权（Call）<1，表示散户看多，盘势将酝酿下跌

P/C Ratio<1表示卖权未平仓量小于买权未平仓量，也就是看不涨的人比看不跌的人少，卖权未平仓量中有很多Buy Put，一般多为散户；另外，还有许多Sell Put，当Sell Put的法人（自营商）或主力看不涨而散户看涨时，盘势将酝酿下跌。

外资期权与现货关系4大经验法则

❶ 外资期货和选择权偏多操作，期货多单未平仓口数>+1.5万口以上，且现货持续买超且正价差>+30点以上

➡ 盘势明显偏多

期货和选择权是现货股价的领先指标，当外资在期货和选择权的未平仓口数为正，表示外资偏多操作。若未平仓口数小于1万口，表示偏多趋势不明显；未平仓口数如增多为1

万～2万口，表示偏多趋势明显；未平仓口数增多至2万～2.5万口以上，表示积极做多。当外资期货做多，正价差大于正30点以上，且在现货市场连续3天以上买超，等于盘势明显偏多，宜顺势偏多操作。

❷ 外资期货和选择权偏空操作，期货空单未平仓口数＞－1.5万口以上，且现货持续卖超且逆价差＞－30点以上

➡ 盘势明显偏空

当外资在期货和选择权的未平仓口数为负，表示外资偏空操作。若未平仓口数小于1万口，表示偏空趋势不明显；未平仓口数如增多为负1万～2万口，表示偏空趋势明显；未平仓口数增多至负2万～2.5万口以上，表示积极做空。当外资期货做空，逆价差大于负30点以上，且在现货市场连续3天以上卖超，等于盘势明显偏空，宜顺势偏空操作。

❸ 外资期货和选择权偏多操作，期货多单未平仓口数＜＋1.5万口，且现货买超且正价差＜＋30点

➡ 盘势偏多，但强度不够

当外资在期货和选择权的未平仓口数为正，表示外资偏多操作。若未平仓口数小于1.5万口，正价差小于正30点，表示盘势偏多，但强度不够，必须留意外资在现货市场是否连续3

天以上买超，且金额在百亿元以上，如此盘势才会转为明显偏多，届时即可积极顺势偏多操作。反之，外资在现货市场未连续3天以上买超，且金额不足百亿元以上，则盘势虽然偏多，只宜少量偏多操作。

❹ 外资期货和选择权偏空操作，期货空单未平仓口数<-1.5万口，且现货卖超且逆价差<-30点

➡ 盘势偏空，但强度不够

当外资在期货和选择权的未平仓口数为负，表示外资偏空操作。若未平仓口数小于1.5万口，逆价差小于负30点，表示盘势偏空，但强度不够，必须留意外资在现货市场是否连续3天以上卖超，且金额在百亿元以上，如此盘势才会转为明显偏空，届时即可积极顺势偏空操作。反之，外资在现货市场未连续3天以上卖超，且金额不足百亿元以上，则盘势虽然偏空，只宜少量偏空操作。

“法人筹码分析统计表”中的第12～17栏，是用于纪录外资期货、外资期货未平仓、外资选择权、外资选择权未平仓、自营商选择权、自营商选择权未平仓，每天纪录，每周研判1次，从每天和每周的外资和自营商在期货和选择权的买卖多空动向，以及未平仓多空口数的多寡，判定当天和当周

的期货和选择权是呈现多头或空头模式。

确认外资在期货、选择权和现货市场呈现多头或空头模式，隔天或隔周再顺势操作。

2015年7月 法人筹码分析统计表

1 日期	6 外资 （亿元）	7 投信 （亿元）	8 自营 （亿元）	9 收盘指数 （点）	10 涨跌 （点）	11 成交量 （亿元）			12 外资期货 （口）	13 外资未平仓 （口）	14 外资选择权 （口）	15 外资未平仓 （口）	16 自营商选择权 （口）	17 自营商未平仓 （口）
7/1	14.31	9.01	8.81	9375.23	52.21	866.25	<	923	3226	6133	-1028	-10952	30762	-44981
7/2	-31.39	2.37	-20.90	9379.24	4.01	861.01	<	888	-2974	3067	-6028	-16977	-19026	-63928
7/3	-56.78	-6.89	-40.94	9358.23	-21.01	843.84	<	888	815	3660	-3644	-20636	-2227	-66056
周合计	-73.86	4.49	-53.03		35.21				1067	12860	-10700	-48565	9509	-174965
7/6	-55.80	-0.26	-45.57	9255.96	-102.27	835.57	<	867	-1615	1933	-3039	-23601	-13612	-79615
7/7	-2.57	-3.28	-22.29	9250.16	-5.80	924.90	>	866	2918	4844	-1433	-25088	18117	-61517
7/8	-153.42	-10.40	-53.44	8976.11	-274.05	1433.86	>	980	-11012	-6820	-11034	-34877	-102222	-116362
7/9	-132.37	-8.33	-8.76	8914.13	-61.98	1303.06	>	1068	-38	-7146	8506	-26870	-12480	-128371
周合计	-344.16	-22.27	-130.06		-444.10				-9747	-7189	-7000	-110436	-110197	-385865
7/13	-32.15	0.12	32.70	9033.92	119.79	1040.63	<	1108	3712	-3407	-2257	-29085	-3308	-131663
7/14	-1.44	6.15	-25.23	9041.76	7.84	1007.31	<	1142	2928	-254	2366	-26603	5673	-125906
台结 7/15	18.74	5.51	-18.38	9054.20	12.44	833.69	<	1124	3413	356	3071	4236	10976	-44246
7/16	12.45	3.56	4.05	9042.21	-11.99	779.19	<	993	-3467	-3112	216	4378	-2668	-46896
7/17	33.98	3.62	-7.50	9045.98	3.77	766.06	<	885	2510	-466	-4450	-86	-4441	-46877
周合计	31.58	18.96	-14.36		131.85				9096	-6883	-1054	-47160	6232	-395588
7/20	32.79	3.70	-14.74	8975.00	-70.98	826.28	<	843	-2602	-3103	1190	1121	-4662	-51571
7/21	51.65	0.04	2.85	9005.96	30.96	727.73	<	787	4142	1163	1172	2285	2185	-49256
7/22	-32.87	4.85	-13.23	8918.70	-87.26	796.05	>	779	-8052	-7197	-3304	-6173	-29108	-62656
7/23	-59.34	-0.16	15.58	8791.12	-127.58	1044.61	>	832	-3017	-10730	-10694	-17070	-34937	-97621
7/24	-28.59	0.21	4.20	8767.86	-23.26	777.18	<	834	828	-10157	-5132	-22191	-6108	-103626
周合计	-36.36	8.64	-5.34		-278.12				-8701	-30024	-16768	-42028	-72630	-364730
7/27	-34.03	-0.58	-38.26	8556.68	-211.18	974.89	>	864	3694	-6666	-8489	-30478	-30715	-134376
7/28	-45.82	5.37	21.40	8582.49	25.81	1001.56	>	919	-2996	-9847	-7885	-38292	-4818	-139616
7/29	-23.62	5.36	-15.27	8563.48	-19.01	900.01	<	940	-1308	-11407	-1784	-37358	-9668	-108958
摩结 7/30	8.58	10.36	7.12	8651.49	88.01	885.91	<	908	5267	-5995	7144	-30201	32964	-76144
7/31	10.92	4.48	-33.34	8665.34	13.85	869.47	<	926	-3984	-10212	-1465	-31688	-15055	-91437
周合计	-83.97	24.99	-58.35		-102.52				673	-44127	-12479	-168017	-27292	-550531
月合计	-506.77	34.81	-261.14		-657.68					-10212		-31688		-91437

2015年7月15日台指期结算后，期货转为8月份的新仓，7月20日到7月24日这周，外资连续卖超，卖超金额—36.36亿元，期货当周空单增加8701口，空单未平仓口数为—10157

口；选择权当周空单增加16768口，空单未平仓口数为—22191口；自营商选择权当周空单增加72630口，空单未平仓口数为—103626口，外资现货卖超且期货和选择权与自营商联袂做空，结果：隔周星期一7月27日加权指数收盘重挫—211.18点，隔周星期五7月31日加权指数收盘下跌—102.52点。

7月份外资在现货市场卖超—506.77亿元，期货空单增加10212口，空单未平仓口数为—12479口；加权指数大跌—657.68点。

只要读者们能勤快地统计每天、每周或每月的“法人筹码分析统计表”一段时间，就可以得知外资、自营商在期货市场的多空布局的口数增减，以及未平仓的多空口数，以及现货市场的买卖超金额，精确得知外资的多空动向，顺势而为，便能立于不败之地、创造获利。

Part 4

就是这张表抓住神买股

藉着自创的“法人筹码分析统计表”，一张看似简单无趣的纪录表，让我在股市20多年屹立不摇。

Part 1

Part 2

Part 3

4-1～4-3

4-1

神奇的股市日记

本书是一本股市日记，详实纪录每天、每周及每月的股市涨跌、资券关系、量价关系、法人筹码变化和期权多空，也是一本可以实际运用的参考书。

每天只要在收盘后花5分钟，在“法人筹码分析统计表”填写数字，就可以清楚知道，当天、当周或当月股市的多空趋势和涨跌方向，顺势操作，就能抓住神买点，也不用担心股票会被套牢。

我每天殷勤地记录“法人筹码分析统计表”的所有数

字，十多年如一日；手绘方格纸的大盘走势图亦长达十多年之久，从每天亲力亲为的纪录和绘图过程，可以获得非常好的“盘感”，知道大盘的多空动态和趋势方向。

累积多年的纪录心得和实战经验后，我可以偷偷告诉读者，“法人筹码分析统计表”真的很好用，只有一句话可以形容：“如人饮水，冷暖自知。”

读者有缘看到这本书，一定要亲自试试看，每天只要花5分钟填写数字，你就可以知道股市的多空趋势，从此摆脱股票套牢一族。

俗话说：“机会是留给准备好的人”、“天下没有白吃的午餐”、“种瓜得瓜，种豆得豆”，股市是非常公平与现实的市场，从没有听过，不用功、只想问明牌的投机者，会有大富大贵的好结果。认真研究与学习的人，才有可能从中获利。

4-2 各种金融商品的操作策略

投资人操作不同的金融商品，纪录和观察的项目就不一样。

❶ 操作期货

每天详实、不中断地纪录“法人筹码分析统计表”的第12和13栏，观察外资在期货市场的买卖（多空）动态，并且配合观察第6～8栏，三大法人在现货市场是买超或卖超，以及买卖超的金额大小，即能清楚知道外资在期货和现货市场的多空动向。若外资在期货和现货市场都买超偏多操作，读者们宜顺势偏多操作；反之，若外资在期货和现货市场都卖超偏空操作，读者们也应该顺势偏空操作。与外资同向操作，胜算较大。

❷操作选择权

每天详实、不中断地纪录“法人筹码分析统计表”的第14～16栏，观察外资和自营商在选择权市场的买卖动态，并且配合观察第6～8栏（三大法人在现货市场的买卖超的金额）和第12～13栏（观察外资在期货市场的买卖动态），即能清楚知道法人在选择权、期货和现货市场的多空动向，若法人（自营商）在选择权和现货市场都买超偏多操作，读者们宜顺势偏多操作；反之，若自营商在选择权和现货市场都卖超偏空操作，读者们也应该顺势偏空操作。与自营商同向操作，胜算较大。

❸操作股票

每天详实、不中断地纪录“法人筹码分析统计表”的第6～8栏，观察三大法人在股票市场的买卖超的金额大小，以及第9～11栏，观察大盘的量价关系。若三大法人买超且量

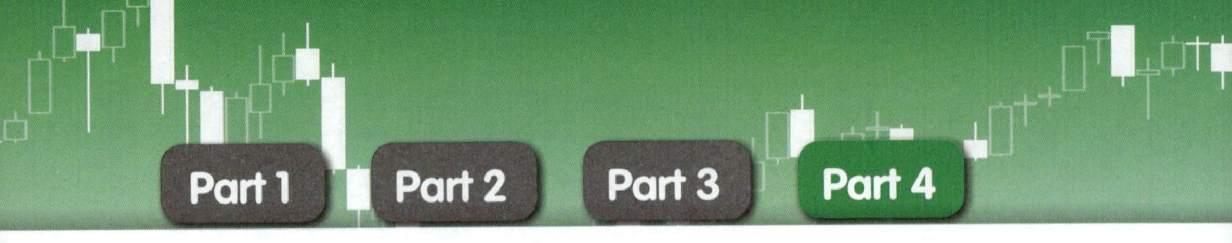

价关系呈现“价涨量增”的多头模式，读者们宜顺势偏多操作；反之，若三大法人卖超且量价关系呈现“价跌量增”的空头模式，读者们应该顺势偏空操作，顺势而为的操作胜算较大。

④波段操作

每天详实、不中断地纪录“法人筹码分析统计表”的第2～3栏，观察融资增减幅度，以及第9～11栏，观察大盘的股价涨跌幅度。若在上涨趋势时，融资的增幅未大于大盘指数的涨幅，表示筹码安定，持股可以续抱、波段操作。一旦融资的增幅大于大盘指数的涨幅，表示筹码凌乱，宜卖出，波段操作结束。反之，在下跌趋势时，融资的减幅未大于大盘指数的跌幅，表示筹码凌乱，做空持股可以续抱，波段操作。一旦融资的减幅大于大盘指数的跌幅，表示筹码安定，空单宜回补，波段操作结束。读者们顺势操作的胜算较大。

⑤多空趋势反转前的蛛丝马迹

每天详实、不中断地纪录“法人筹码分析统计表”的第2～3栏，观察大盘融资余额的增减，以及第6～8栏，观察三大法人的买卖超金额。若融资余额一直增加（表示散户买进），三大法人一直卖出，散户买而法人卖，称之为“散户盘”，表示筹码凌乱，小心酝酿形成融资多杀多，趋势由多翻空。反之，若融资余额一直减少（表示散户卖出），三大法人一直买进，散户卖而法人买，称之为“法人盘”，表示筹码安定，须留意酝酿形成波段上涨，趋势由空翻多。

⑥操作权证

每天详实、不中断地纪录“法人筹码分析统计表”的所有栏位，观察研判三大法人在股票、期货和选择权市场的多空动向，以及量价和资券关系是呈现多头或空头。若综合研判的结论是呈现“多头模式”，读者们宜顺势偏多操作（买强势股的认购权证）；反之，若综合研判的结论是呈现“空头模式”，则读者们宜顺势偏空操作（买弱势股的认售权证）；顺势而为的操作胜算较大。

4-3

满载而归 共襄盛举

作者将30年的股市经验全部浓缩到一张表格里，期望透过本书的出版和大家分享。希望每位读者都可以从本书的经验法则中，得到一些“启发”，亲自体验每天花5分钟做投资功课的好处，并且精确掌握每天、每周和每月的股市多空趋势和涨跌方向，将来无论偏多或偏空操作，都能满载而归。

倘若读者们在未来的投资上，因为阅读本书而受益，我恳请大家共襄盛举，支持世界展望会资助儿童计划，每个月花一些金钱认养一位全球各地的外国小朋友，或一位中国的小朋友。您的小小心意，将让这些小朋友的未来更美好，我代小朋友们由衷地感谢大家，谢谢！